MARCO POLO

BURGUND

MARCO POLO KOAUTOR

Klaus Simon

Klaus Simon ist Autor und Journalist, als ausgewiesener Frankreichexperte schreibt er für „Geo Saison", „Brigitte", „Stern", „Feinschmecker", „Arte Magazin" und „FAZ". Burgund gilt seine besondere Vorliebe, weil er dort ein echtes, unverfälschtes Frankreich findet. Von zahlreichen Reisen in die Region brachte er außer Wein Ersatzteile für seine Citroën DS (Bj. 1974) mit.

REIN INS ERLEBEN

Mit dem digitalen Service von MARCO POLO sind Sie noch unbeschwerter unterwegs: Auf den Erlebnistouren zielsicher von A nach B navigieren oder aktuelle Infos abrufen – das und mehr ist nur noch einen Fingertipp entfernt.

Hier geht's lang zu den digitalen Extras:

http://go.marcopolo.de/bur

Touren-App

Ganz einfach orientieren und jederzeit wissen, wo genau Sie gerade sind: Die praktische App zu den Erlebnistouren sorgt dank Offline-Karte und Navigation dafür, dass Sie immer auf dem richtigen Weg sind. Außerdem zeigen Nummern alle empfohlenen Aktivitäten, Genuss-, Kultur- und Shoppingtipps entlang der Tour an.

HTTP://GO.MARCOPOLO.DE/BUR

Update-Service

Immer auf dem neuesten Stand in Ihrer Destination sein: Der Online-Update-Service bietet Ihnen nicht nur aktuelle Tipps und Termine, sondern auch Änderungen von Öffnungszeiten, Preisen oder anderen Angaben zu den Reiseführerinhalten. Einfach als PDF ausdrucken oder für Smartphone, Tablet oder E-Reader herunterladen.

SYMBOLE

- INSIDER TIPP – Insider-Tipp
- ★ – Highlight
- ●●●● – Best of ...
- Schöne Aussicht
- Grün & fair: für ökologische oder faire Aspekte
- (*) – Kostenpflichtige Telefonnummer

PREISKATEGORIEN HOTELS

€€€	über 110 Euro
€€	75–110 Euro
€	unter 75 Euro

Die Preise gelten pro Nacht für zwei Personen im Doppelzimmer mit Frühstück

PREISKATEGORIEN RESTAURANTS

€€€	über 50 Euro
€€	30–50 Euro
€	unter 30 Euro

Die Preise gelten für ein Essen mit Vor-, Haupt- und Nachspeise ohne Getränke

 Titelthemen: Junge Genießermetropole Dijon S. 39 | Unterwegs mit dem Hausboot S. 22

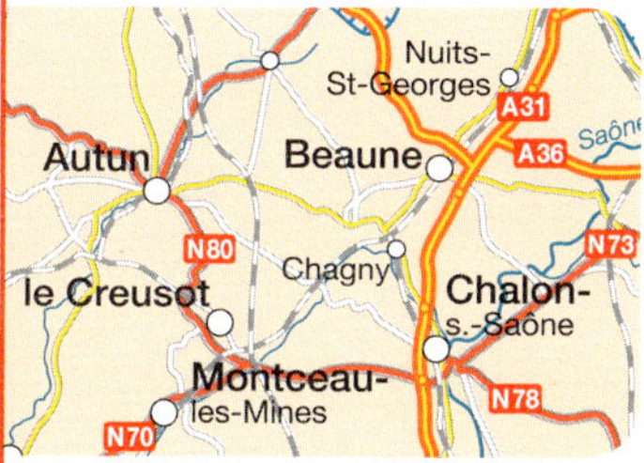

GUT ZU WISSEN

Geschichtstabelle → S. 14
Einmal Kapitän sein → S. 22
Spezialitäten → S. 28
Chambre d'hôte → S. 43
Der langsamste Bau Burgunds → S. 52
Bücher & Filme → S. 72
Taizé → S. 83
Feiertage → S. 107
Wetter → S. 112
Was kostet wie viel? → S. 113

KARTEN IM BAND

(120 A1) Seitenzahlen und Koordinaten verweisen auf den Reiseatlas
(0) Ort/Adresse liegt außerhalb des Kartenausschnitts
Es sind auch die Objekte mit Koordinaten versehen, die nicht im Reiseatlas stehen
Karten von Autun, Auxerre, Beaune und Dijon im hinteren Umschlag

(*A–B 2–3*) verweist auf die herausnehmbare Faltkarte

UMSCHLAG VORN:
Die wichtigsten Highlights

UMSCHLAG HINTEN:
Karten von Beaune, Auxerre, Autun, Dijon

Die besten MARCO POLO Insider-Tipps

Von allen Insider-Tipps finden Sie hier die 15 besten

INSIDER TIPP Reichlich gemuht

Seit 500 Jahren werden auf dem *marché aux bestiaux* im kleinen St-Christophe-en-Brionnais Rindviecher gehandelt, inzwischen immer am Mittwochnachmittag. Das Spektakel ist einer der größten Rindermärkte Frankreichs → S. 82

INSIDER TIPP Perfekte Kulisse für einen Historienfilm

In *Noyers* stört eigentlich nur der Geldautomat die Illusion eines verwunschenen Dorfs, an dessen Kopfsteinpflaster, Fachwerk und der Mauer mit den Rundtürmen die Zeit komplett vorbeigegangen ist → S. 54

INSIDER TIPP Gallisches Take-away

Lust auf ein Picknick am Mont Beuvray (Foto o.)? *Le Chaudron de Bibracte,* das Restaurant im Musée de la Civilisation Celtique, bietet nicht nur gallische Küche, sondern bereitet auch Picknickkörbe mit Ziegenkäse, *Cervesia* (Bier), Buchweizengalettes und Quellwasser vor → S. 74

INSIDER TIPP Mit dem Esel durch den Morvan

Wie der Autor der „Schatzinsel" durch die Wälder und über die Höhen des Morvan streifen → S. 105

INSIDER TIPP Feine Weine

Die *Maison Mâconnaise des Vins* lädt zum Probieren von Weinen aus St-Vérand, Rully, Givry, Prissé, Pouilly-Fuissé, Uchizy ein – dazu gibt's typisch burgundisches Essen → S. 76

INSIDER TIPP Klettern bis in den Himmel

An den Kalkfelsen des *Saussois* über dem Canal du Nivernais hangeln sich die Climber gern mal hoch in die Lüfte → S. 100

INSIDER TIPP Wo Cyrano de Bergerac speiste

Einen günstigen Mittagstisch bekommen Sie in der schönen mittelalterlichen *Maison Millière* in Dijon, Drehort des Films „Cyrano de Bergerac" mit Gérard Depardieu in der Titelrolle → S. 42

INSIDER TIPP Burgund kann auch anders

La Maison d'Olivier Leflaive ist ein prominentes Weingut an der Côte d'Or und zugleich eines der wenigen Designhotels der Gegend → S. 36

INSIDER TIPP Das jähe Ende eines Tals

Nicht wirklich das Ende der Welt, aber doch schon atemberaubend ist der *Cirque du Bout du Monde* mit seinem tosenden Wasserfall nahe dem hübschen Städtchen Nolay (Foto u.) → S. 38

INSIDER TIPP Im Grünen unter Trauben

Bett, Frühstück und Abendessen beim Winzer im *Château de Messey* genießen → S. 84

INSIDER TIPP Mit dem Rad durch die Weinberge

Die *Voie des Vignes* führt Sie von Beaune nach Santenay. Der Radweg schlängelt sich über lange Strecken kreuz und quer durch Weinberge → S. 39

INSIDER TIPP In Sommerlaune

Die *Brasserie B9* an Dijons besonders an Sommerabenden quirliger place de la Libération überzeugt mit coolem Design, guten Tropfen und moderner Brasserieküche → S. 43

INSIDER TIPP Auf der Suche nach dem Absonderlichen

Wo mit Geometrie, Licht und Wasser intensiv gespielt wird: Ein höchst seltsames Schloss ist das *Château de Maulnes*, Inbegriff des Manierismus → S. 52

INSIDER TIPP Durch die Altstadt surren

Leicht vorbeugen, und der einem Rasenmäher nicht unähnliche *Segway* surrt los. Bei maximal 20 km/h ziehen Palais, Kirchen, Plätze von Dijon vorbei → S. 87

INSIDER TIPP Action im alten Steinbruch

Die *Grotte de Champ Retard* in Coutarnoux ist der schrillste Abenteuerparcours Burgunds. Gut gesichert klettern hier schon Kinder → S. 104

BEST OF ...

TOLLE ORTE ZUM NULLTARIF

Neues entdecken und den Geldbeutel schonen

SPAREN

Hôtels particuliers

Über hundert Palais bereichern die Altstadt von Dijon. Das Faltblatt mit einem ausgewiesenen Parcours kostet zwar 2 Euro – die Bauten selbst sind jedoch samt Innenhöfen umsonst zu besichtigen. In einem der schönsten, dem *Hôtel Chambellan,* ist die Zweigstelle des Office de Tourisme untergebracht → S. 44

Freies Parken

Parkplätze sind in der Altstadt von Beaune rar, die Gebühren entsprechend extrem hoch. Die außerhalb der Mauern ausgewiesenen Plätze kosten hingegen nichts – außer ein paar Minuten Fußweg → S. 46

Steinernes Bilderbuch

In Frankreich wird für Kirchenbesuche immer öfter Eintritt verlangt. Nicht so in Burgund. Die weltberühmte *Basilika von Vézelay* (Foto) etwa ist nach wie vor gratis zu besichtigen. Staunend können Sie Stunden vor Kapitellen und dem Tympanon verbringen, dessen Figuren wie ein steinerner Comicstrip Geschichten erzählen → S. 59

Ein Abend, eine Bar, ein Konzert

Das Festival *Garçon, la note!* findet quer durch Burgund u. a. in Autun, Auxerre, Nevers, Dijon statt. Im Juli und August gibt es Di, Do, Sa ab 20.30 Uhr Jazz, Blues, Rock, Cabaret auf den Caféterrassen vieler Städte und Dörfer – gratis! → S. 106

Auf den Spuren der Gallier

Am Mont Beuvray nahe Autun tauchen Geschichtsinteressierte tief, aber bequem in die Historie des keltischen Volks ein. Ein kostenloser *Shuttlebus* bringt Sie im Sommer vom Grabungsfeld zum *Musée de la Civilisation Celtique* → S. 74

Kunstsammlung gratis

Dijon besitzt mit dem *Musée des Beaux Arts* das nach Straßburg bedeutendste Provinzmuseum Frankreichs. Das Schönste: Der Zugang zur Dauerausstellung ist kostenlos → S. 40

Diese Punkte zeichnen in den folgenden Kapiteln die Best-of-Hinweise aus

TYPISCH BURGUND
Das erleben Sie nur hier

Rekord-Altstadt
97 ha umfasst *Dijons denkmalgeschützte Altstadt*. Weder Bausünden noch Verfall, weder Kriege noch industrielle Revolution haben Frankreichs besterhaltene Altstadt verschandelt → S. 39

Moutarde de Dijon – aus Beaune
Die *Moutarderie Fallot* stellt seit 1840 in Beaune Feinschmeckersenf in verschiedenen Geschmacksrichtungen her. Bei der Museums- und Werksbesichtigung erfahren Sie, wie Burgund auf den Senf kam (Foto) → S. 34

Route des Grands Crus
Zwei Dutzend der 33 Grands Crus Burgunds entfallen auf die Côte d'Or: Bienvenue in der Hocharistokratie der burgundischen Weine. Die Ortsnamen längs der *Route des Grands Crus* tragen Namen, die weltweit im Glas klingen: Chambertin, La Romanée, Corton, Montrachet → S. 32

Bunte Dächer
Zu Rauten- oder anderen Mustern verlegte bunte Dachziegel sind ein Wahrzeichen der Côte d'Or. Prominentestes Beispiel ist das *Hôtel-Dieu* in Beaune. Auch schön: das *Château* in Aloxe-Corton → S. 34, 37

Süßes Bilderbuchdorf
Krumme Gassen, eine Basilika und die malerische Lage bestimmten das bilderbuchschöne *Flavigny-sur-Ozerain* zum Drehort des Films „Chocolat" mit Juliette Binoche und Johnny Depp. Berühmt sind zudem die Anisbonbons, die im Kloster hergestellt werden → S. 45

Romanische Dorfkirchen
Der „Aufschwung 1000" ließ um die Wende vom 1. zum 2. Jahrtausend n. Chr. überall in Burgund romanische Kirchen entstehen. Im Brionnais ist die Dichte besonders hoch. Als Paradebeispiel burgundischer Romanik gilt *St-Hilaire* in Semur-en-Brionnais → S. 82

Feinkostparadies
In einer traditionsbewussten Stadt wie Dijon gibt es eine Fülle alteingesessener Geschäfte. An erster Stelle stehen Läden für Feinkost. *Bourgogne Street* etwa bietet in stylischem Rahmen alles, was der Gaumen begehrt: Weine, Senf, Anispastillen, Foie gras, Gewürzbrot → S. 42

TYPISCH

BEST OF ...

SCHÖN, AUCH WENN ES REGNET

Aktivitäten, die Laune machen

● *Unterm Marktgewölbe*

Wenn mittwochs in Nolay *Markt* (Foto) gehalten wird, bleiben die Stände unter der mittelalterlichen Hallenkonstruktion auch bei Dauerregen trocken → S. 38

● *Musée Colette*

Aus einem Lautsprecher im *Musée Colette* in St-Sauveur-en-Puisaye rumpelt die Stimme der einstigen Skandalautorin. Sie betreten das rote Schlafzimmer und den Salon aus ihrer Wohnung im Pariser Palais Royal – ein Ort zum Träumen bei jeder Wetterlage → S. 55

● *An den großen Tisch*

Grandes tables – große Tische – heißen in Frankreich die Restaurants der Sterneköche. Mittags bekommen Sie fast überall einen Platz. Nehmen Sie sich für das Menü – z. B. im *Chapeau Rouge* in Dijon – ein paar Stunden Zeit. Was wäre als Zeitpunkt idealer als ein Regentag? → S. 43

● *Höhlentour*

Ein bisschen tröpfelt es auch in den Grotten von *Blanot* – schließlich gäbe es sonst auch keine Stalaktiten und Kalkformationen im 80 m tiefen Höhlensystem zu bewundern → S. 84

● *Schlösser-Hopping*

Châteaux wie das von *Tanlay* gibt es um Auxerre reichlich und damit kurze Wege beim Schlösser-Hopping. Für Abwechslung sorgen verschiedene Baustile und Ausstattungen sowie Rahmenprogramme in Form von Töpferwerkstätten und Dampfloks im Park → S. 53

● *Auf Besuch beim Buddha*

Der *1000-Buddha-Tempel* bei La Boulaye ist Europas größter buddhistischer Tempel. Die knallbunten Innenräume sind an grauen Tagen Balsam für die Seele → S. 73

REGEN

ENTSPANNT ZURÜCKLEHNEN

Durchatmen, genießen und verwöhnen lassen

ENTSPANNT

Am Badestrand

Der 37 ha große *Lac Kir* mit großem Park am Stadtrand von Dijon verwandelt sich sommers in ein Badeparadies inklusive Strand. Lassen Sie die Kajaks und Tennisschläger links liegen und dümpeln Sie lieber auf der Luftmatratze oder strecken Sie sich im warmen Sand aus → S. 43

Wellness mit Wein

Im *Spa Bourgogne Vignes & Bien-Être* in Beaune bringen Trauben müde Glieder wieder auf Trab. Die Vinothérapie ist eine ganz besondere Art des Jungbrunnens → S. 35

Seenplatte des Morvan

Die Seen des Morvan laden mit Badestränden, Surfbrett- und Bootsverleih sowie Uferterrassen zum Verweilen ein – warum nicht gleich über Nacht bleiben? Zum Beispiel im Hotel *Les Grillons du Morvan* am Nordufer des *Lac des Settons* → S. 67

Burgund vom Wasser aus genießen

Hausboottouren durchs Burgund entführen Sie in ganz gemächlichem Tempo von 4 km/h in die trägen Wonnen der Provinz. Vom Deck aus entfaltet sich die Region vor Ihnen zum Breitwandpanorama. Und Sie brauchen nicht einmal einen Bootsführerschein (Foto) → S. 22, 64

Anglerglück

Angeln ist in Burgund Volkssport. Wer Lust hat, den Tag in aller Ruhe an Fluss, Bach oder See zu verbringen, um gemütlich und nahezu reglos abzuwarten, bis Forelle, Karpfen oder Hecht anbeißen, ist herzlich willkommen. Den Angelschein gibt's im Café oder am Kiosk → S. 98

In Loire-Sand gepackt

Kuren im schönen *Thermalbad Bourbon-Lancy* mit seinen heißen Quellen ist schon seit den Römern en vogue. Zu den verschiedenen Anwendungen im Belle-Époque-Städtchen gehören auch heiße Sandpackungen – die Hauptzutat dafür, der Sand, stammt von den Ufern der nahen Loire → S. 80

AUFTAKT

ENTDECKEN SIE BURGUND!

Burgund ist eine Farbe: Rot. Sie begegnen ihr, wenn Sie in dunkle Keller steigen und mit genussvoller Mäßigung den Weingläsern auf den Grund schauen. Ein umweltbewusster Insider werden Sie, wenn Sie eine solche Weintour nicht mit dem Auto zurücklegen, sondern zu Fuß oder mit dem Fahrrad im geruhsamen Tempo, das noch Zeit für ein Gespräch mit dem Winzer lässt. Danach wird es Sie nicht mehr erstaunen, dass vom *bœuf bourgouignon* bis zum *coq au vin* nahezu alle handfesten Genüsse der Bourgogne, also Burgunds, mit dem Saft der tiefroten Trauben durchtränkt sind.
Als komplementären Farbkontrast präsentiert die Region das satte Grün ihrer ***sanft gewellten Hügel mit blauem Himmel und Sommersonne***. Nicht nur wegen der zentralen geografischen Lage nennt sich Burgund „das Herz Frankreichs". Gemeint ist la *douce France,* ein sanftes, großzügiges Frankreich, eins der ***ländlichen Wonnen***, was bei Franzosen dem Paradies gleichkommt. Nur auf Meereswellen müssen Sie im Burgund verzichten, nicht aber auf Wasserspaß. Ob Saône, Loire, Yonne oder Seine – Flüsse mit klangvollen Namen ziehen ihre Schleifen durchs Land und bieten vielfältige Möglichkeiten, sich sportlich zu betätigen, von Kanufahren bis Rafting. Seglern und Windsurfern eröffnen die ***Seen des Morvan*** ein blaues Paradies.

Bild: Weinlese an der Côte de Beaune

Bei allem Augenmaß schielen die Menschen gelegentlich nach den Sternen – gemeint sind nicht die in den einschlägigen Gastronomieführern üppig verteilten Sterne. Gut zu essen gehört in Burgund ganz einfach zum Alltag. Die tiefe Provinz aber lässt auch eigenwillige Charaktere leuchten. Dazu zählt ***Burgunds bekannteste Schriftstellerin namens Colette***. Als 20-Jährige kehrte sie dem Dorf St-Sauveur-en-Puisaye den Rücken, um nach Paris zu gehen, wurde Dichterin, Schauspielerin und Femme fatale. Halb nackt stand sie in Zeiten der Prüderie auf der Bühne und führte vor einem staunenden Publikum Pantomimen auf.

Dabei kann Colettes burgundische Heimat geradezu als ***Musterfall mönchischer Kultur*** gelten. Keim der Frömmigkeit war das mittelalterliche Kloster Cluny, das die Regeln des hl. Benedikt entlang der Jakobswege etablierte. Mit dem ***Weinbau*** sicherte der Orden seine Existenz, wahren Reichtum aber erlangte er mit den Pilgerströmen. Cluny und seine Tochterklöster quollen über vor Pracht und architektonischen Raffinessen, die ***Burgunds romanische Kirchen*** zu Meilensteinen der Kunstgeschichte erhoben. Den Weg zurück zu Bescheidenheit und klösterlicher Strenge suchten die Zisterzienser in Cîteaux – nur um abermals von einer schlichten Tatsache überrollt zu werden: Die ***burgundischen Ideen überzeugten die Welt*** und bescherten auch den Zisterziensern unverhofft die Macht, der sie entfliehen wollten.

La douce France – ein sanftes, großzügiges Frankreich

52 v. Chr. Die Gallier unter Vercingetorix werden bei Alésia von den Römern geschlagen

4. Jh. Ausbreitung des Christentums

5. Jh. Skandinavische Stämme von Bornholm (Burgunderholm) besiedeln die Region

534 Burgund fällt an die Franken

843 und 870 Bei den Teilungen des Karolingerreichs zerfällt das alte Burgund

um 910 Benediktiner gründen das Kloster Cluny

Im Spätherbst wird es ruhiger auf dem Canal de Bourgogne – doch schön ist es dann immer noch

Der „Pilgerweg des Vertrauens auf der Erde" setzte im Zweiten Weltkrieg ein neues religiöses Signal, dem heute jährlich ***etwa 200 000 Jugendliche aus aller Welt nach Taizé*** folgen. Auf ein Vierfaches beläuft sich die Zahl derer, die als Kulturreisende oder nach alter Pilgertradition die Basilika von Vézelay besuchen. Denn die Französische Revolution hat die Religion nur vorübergehend zum Schweigen bringen und den Bildersturm nie vollenden können, auch nicht in den Schlössern, deren Inventar bis heute vom Wohlstand des *Ancien Régime* kündet.

Dem alten folgte das neue Regime, mit ihm kam 1789 eine neue Verwaltungsordnung, die auf der Landkarte Spuren hinterließ. Frankreich ist seither in Departements zerschnitten, vier sind es in Burgund: Côte d'Or, Yonne, Nièvre und Saône-et-Loire. In einem ***Land der Traditionen*** haben sich freilich auch die Territorial- und Flurbezeichnungen früherer Zeit bewahrt: Auxois, Bazois, Beaunois, Brionnais und manch'

- **1098** Gründung des Zisterzienserordens in Cîteaux
- **1364–1477** Die vier Grands Ducs bescheren ihrem Herzogtum Burgund eine goldene Ära
- **1493** Im Frieden von Senlis erhält Frankreich Burgund
- **1789** Ausbruch der Französischen Revolution
- **um 1880** Die Reblaus vernichtet Burgunds Weinstöcke
- **1972** Gebietsreform – die Region Burgund entsteht

andere. Diese erschließen Ihnen ein Stück burgundischer Seele, die an Vertrautem festhält. So finden Sie im Zentrum einer jeden Region auch eine Stadt voller Geschichtsbewusstsein. Ob ***pulsierend und mit breitem Kulturangebot*** punktend wie Dijon, dem ***Wein verschrieben*** wie Beaune, von ***mediterraner Lebensart*** gepackt wie Mâcon oder seiner ***römisch-romanischen Vergangenheit*** verhaftet wie Autun. Daneben gibt es jene Städte und Dörfer, denen die Zeit einfach so davonraste, die wie Semur-en-Auxois im Dornröschenschlaf verweilen und darauf warten, dass ein neuer Impuls sie wachküsst. Die erfolgreiche filmische Inszenierung einer solchen Erweckung trug den Titel ***„Chocolat“*** und brachte das Örtchen Flavigny-sur-Ozerain in Aufruhr. Eine ganze Gemeinde fieberte während der Dreharbeiten im Taumel der heißen Schokolade. Doch kaum hatte das Team aus Hollywood die Koffer gepackt, sank Flavigny zurück ins balsamische Milieu seiner Anisbonbons.

So ist Burgund: dem Modernen nicht abgeneigt, doch den Traditionen verhaftet. Entsprechend lässt sich die Region auch entdecken: in den Weinen und Speisen den Nachhall feudaler Bankette erahnen, dem windschiefen Fachwerk die Geschichten ihrer Bewohner ablauschen oder im modern ausgestatteten Hausboot durch Burgunds idyllische Landschaften gleiten. Apropos idyllisch: Um die Naturschätze zu schützen, wurde viel in Rad- und Wanderwege investiert. Zusammen mit dem Angebot an Reiterhöfen und den vielen Hausbootbasen lockt ***Burgund als Aktivreiseziel*** junge Touristen. Als Magnet für diese Zielgruppe behauptet sich das 800 km lange Radwegenetz ***Le Tour de Bourgogne en Vélo***, dessen fünf Hauptstrecken es erlauben, ganz Burgund mit dem Rad zu erkunden. Der Weg zum Reiseziel selbst ist nicht weit; die Autobahn durchquert Burgund und der schnelle TGV braucht eineinhalb Zugstunden von Paris nach Dijon. Der TGV Rhin-Rhône verbindet zudem Straßburg mit Dijon und Mâcon. Und nach Straßburg gelangen deutsche Reisende dank des TGV Est von mehreren deutschen Großstädten aus. Neben Touristen nutzen immer mehr Pendler aus dem Großraum Paris die guten Verkehrsverbindungen. Vor allem ***Burgunds Norden wird zum „Vorort“ der französischen Hauptstadt***, mit entsprechend hohen Immobilienpreisen.

Viel wurde in Rad- und Wanderwege investiert

Nicht zuletzt deshalb hat sich dieser ***versonnene Landstrich*** längst der Neuzeit angepasst. Zwischen den Ackerparzellen sind die Hecken gerodet, um Platz zu machen für modernste,

1982 Die Eisenbahn-Hochgeschwindigkeitslinie Paris–Dijon wird eröffnet

2005 Roger Schutz, Prior von Taizé, wird von einer geistig Verwirrten erstochen

2015 Die *climats* genannten kleinflächigen Lagebezeichnungen an der Côte d'Or werden von der Unesco zum Weltkulturerbe erklärt

aktuell Die Fusion der Regionen Burgund und Franche-Comté ist vollbracht. Hauptstadt der neuen Großregion ist Dijon

Pink leuchtet die Kathedrale von Nevers dank modern gestalteter Kirchenfenster

riesige Maschinen. Ungehindert schweift der Blick oft kilometerweit über reizlose Monokulturen. Und doch warten am Horizont landschaftliche Attraktionen: ***Seen und Wälder*** im Naturpark des Morvan, ***Weindörfer und Winzerfeste*** an der Côte d'Or, ***Schluchten und Grotten*** im Mâconnais oder eine ***weltabgewandte Flussidylle*** bei Avallon. Solche Orte sind ideale Ziele für ausgiebige Rad- und Wandertouren. Auch Climber entdecken inmitten der Hügel, etwa bei Auxerre und Beaune, die ***reizvollsten Steilwände***.

Wer hingegen coole Lokale und trendige Stadtviertel sucht, wird mit Burgund ein Problem haben. Selbst Dijon zählt im Kern gerade einmal gut 150 000 Einwohner. Autun, Beaune, Auxerre, Nevers oder Mâcon pendeln sich zwischen 20 000 und 80 000 Bewohnern ein. Was nicht bedeutet, dass Burgund zum Freiluftmuseum wird. In Dijon konkurrieren ***neue Restaurantkonzepte und stylische Bistrots*** mit den großen Traditionshäusern. Und das rege studentische Leben mischt die Beschaulichkeit der burgundischen Hauptstadt auf. ***Futuristische Museumsbauten*** wie das *Musée de la Civilisation Celtique* am Mont Beuvray oder der am Mont Auxois eröffnete *MuséoParc Alésia* katapultieren die Region selbstbewusst ins 21. Jh. Beide Objekte spannen einen Bogen von der Antike bis in die Gegenwart. ***Die Zukunft aber wird grün.*** Ökologisches Denken hat längst die Oberhand. So konnte die Wasserqualität in den Flüssen enorm verbessert werden. Pestizide kommen im Weinberg in immer geringeren Mengen zur Anwendung. Bioprodukte sind auf den Märkten normal, Ökotourismus und Artenschutz Programm. Kurzum, auf der Basis reicher kultureller Schätze und unverbauter Landschaften schaut Burgund souverän in die Zukunft.

Stylische Bistrots und große Traditionshäuser

IM TREND

1 (Mit)Reißend

Aktiv Die Burgunder haben die Wasserwege ihrer Region entdeckt – auf die sanfte, umweltverträgliche Weise. Dank des Projekts *EcoPagayeur (www.canoekayak-bourgogne.fr)* stehen Fauna, Flora, Umwelt bei Kanu- und Kajaktouren im Vordergrund. Für die Bäche und Flüsse bei Nevers gibt es einen Audioguide beim örtlichen Kanu-Club *(10, quai de Médine | www.canoeclubnivernais.fr)*. Hardcore-Rafting auch ohne Ökofortbildung gibt es bei *Tous Azimuts (tous.azimuts.free.fr)* in Montsauche-les-Settons.

À vélo! 2

Tour de Bourgogne Mit dem Ausbau ehemaliger Bahntrassen, Treidel- und Weinbergpfade in autofreie *voies vertes* lockt die Region ihre Einwohner aufs Rad. Die lassen sich nicht lange bitten und brechen in Scharen zur *Tour de Bourgogne à vélo* auf. 800 km Radwege sind so zu Frankreichs erstem regionalen Radwanderwegenetz verbunden! Dank radlerfreundlicher Unterkünfte, Werkstätten, Karten etc. kann selbst auf großer Tour wenig schiefgehen *(www.burgund-fur-radfahrer.com)*.

Hoch hinaus 3

Im Wald Schwingen Sie sich in die Bäume! Beim *accrobranche* geht es von Ast zu Ast – natürlich gesichert – mit Seilen, Netzen und Co. hoch in die Wipfel. *Tree Climbing France* hat zwei Kletterspots im Naturpark Morvan *(www.parcdumorvan.org)* eröffnet, auf dem Mont Beuvray und im Naturparkzentrum Saint-Brisson. Dort kann man auch seine eigene Hängematte, das *tree boat*, anfertigen. Den Aufstieg ermöglichen auch *Adventure & Nature (route de Saussy | Messigny-et-Vantoux | www.inforest21.com)* und *Vertical Sports (7, rue Magnon Pujo | Gevrey-Chambertin | www.vertical-sports.com)*.

In Burgund gibt es viel Neues zu entdecken. Das Spannendste auf diesen Seiten

Auf Zeitreise

4

Für Ausgeschlafene Früher fuhr der Lastkahn auf der Loire. Heute ist das Schiff aus den 1950er-Jahren ein Bed and Breakfast mit Retrocharme. Der 39 m lange Kahn *Bateau Gervic (www.bateaugervic.com)* liegt in Nevers. Noch mehr Geschichte bietet die *Auberge la Beursaudière (9, Chemin de Ronde | Nitry | www.beursaudiere.com) (Foto)*. Sämtliche Zimmer des Hofguts aus dem 12. Jh. erinnern mit ihren Namen an alte Berufe. Hier schläft man nicht nur wie anno dazumal, auch die Küche des Hauses ist von alten Rezepten inspiriert. Das *Hôtel le Cep (27, rue Maufoux | Beaune)* besteht aus einer Reihe historischer Gebäude, die sich um einen stimmungsvollen Innenhof gruppieren. Auf Fitnessstudio, Spa und weiteren zeitgemäßen Komfort muss dort niemand verzichten.

Es lebe die Kunst

5

Arts & Festivals Dass die Burgunder Kunst und Kultur nicht nur in Museum oder Oper genießen, zeigen Veranstaltungen wie das Straßenkunstfestival in Chalon-sur-Saône. Einzigartig und genau richtig für Sprachliebhaber ist das *Festival du Mot (www.festivaldumot.fr)* in La Charité-sur-Loire. Einmal im Jahr befassen sich Musiker, Tänzer, Dichter und Forscher mit der Kraft der Worte. Ganzjährig erregt die Fassade der *Galerie Lazare (6 bis,rue Bocquillot | Avallon)* Aufmerksamkeit. Sie schmückt ein rotes Nashorn. Bei *La Bonne Impression (1 bis, rue du Professeur Ramon | Bellechaume)* können Sie u. a. Postkarten herstellen. Im *La terre se crée (4, rue du Bonnet Rouge | Aillant-sur-Tholon)* belegen Sie Töpfer- und Bildhauerkurse oder übernachten zwischen den Keramiken.

FAKTEN, MENSCHEN & NEWS

ARTENVIELFALT

Die Liste bedrohter Tiere und Pflanzen ist lang in Burgund. 101 Tier- und 17 Pflanzenarten gelten als vom Aussterben bedroht. Doch längst hat sich das Umdenken in Form eines Verzichts auf Pestizide und Fungizide in der Landwirtschaft durchgesetzt.

Die Bilanz sind erste Erfolge bei der Wiederansiedlung: So gewinnt die Loire dank strikten Uferschutzes alte Bewohner wie Uferschwalben und Eisvögel zurück, in den Wäldern um Châtillon-sur-Seine brütet erneut der Schwarzstorch. Im landwirtschaftlich nur wenig genutzten Morvan ist die Wasserqualität so gut, dass Flusskrebse, Neunauge sowie Lachs sich stark vermehren. Und auch ansonsten konnte die Wasserqualität der Flüsse und Seen durch Kläranlagen entschieden verbessert werden.

Nicht zu vergessen, der Mensch ist Umweltschädling Nummer 1 – bei der in weiten Teilen geringen Bevölkerungsdichte Burgunds kommt er logischerweise nicht richtig zum Zug. Fauna und Flora profitieren davon: Im Vergleich zu anderen Regionen Frankreichs kann Burgund einen Rekordwert verbuchen: 179 Tier- und 158 Pflanzenarten stehen hier unter Naturschutz.

BENEDIKTINER & ZISTERZIENSER

Schon im frühen Christentum trachteten Mönche danach, der dekadenten Welt der Spätantike zu entfliehen. Im 5. Jh. verfasste Benedikt von Nursia strenge

 Bild: Kreuzgang der Abtei Fontenay

Zwischen Rindvieh und Romanik: Kultur und Agrikultur sind die Eckpfeiler einer Region, die mit vielen Genüssen lockt

Klosterregeln, die später der Benediktinerorden übernahm. Im Zentrum stand neben Mildtätigkeit und Nächstenliebe die Formel „Ora et labora", bete und arbeite. Doch gerade dieses Armutsideal geriet mit der zunehmenden Macht des Mutterklosters Cluny, von dem aus einst die Geschichte Europas gelenkt wurde, zur sinnleeren Formel. Nachdem Guillaume der Fromme auf alle Rechte an seiner Klostergründung verzichtet hatte, konnte sich Cluny ungewöhnlich frei entfalten und im Lauf seiner Geschichte über 2000 Tochterklöster gründen. Die Einnahmen aus der Jakobspilgerschaft ließen das Kloster florieren und ermöglichten ab 1088 den Ausbau der Abtei zu einem wahren Weltwunder: 187 m lang, darüber ein Wald von Türmen.

Während der Französischen Revolution wurde die Abtei als Nationaleigentum an einen Bauunternehmer verkauft. Der begann mit dem Abriss, um Baumaterial zu gewinnen. Allein für das Tympanon über dem Westportal brauchten die Sprengmeister 1810 neun Tage. Erst

1823 wurde der Raubbau gestoppt. Noch im Ruinenfeld aber lässt sich das gigantische Ausmaß der Abtei erahnen.
Clunys Macht und Reichtum erschien manchen als Verrat an den benediktinischen Ideen der Askese und Demut. Robert de Molesme errichtete 1098 daher ein unabhängiges Kloster in Cîteaux, das durch Selbstversorgung und Bescheidenheit zu den geistlichen Wurzeln zurückkehren wollte. Um Cîteaux als Keimzelle des bald ebenfalls mächtigen Zisterzienserordens entstanden Tochterklöster. Deren Erbauer verzichteten jedoch – im Unterschied zu den Benediktinern – auf einen reichen, überbordenden Schmuck. Entsprechend verkörpert Fontenay, Burgunds besterhaltenes Zisterzienserkloster, einen nüchternen Geist mit einem hellen Chor als symbolischem Sitz Gottes.

CHAROLAIS-RINDER

Charolles liegt an einem Nebenfluss der Loire, ein unscheinbares Örtchen, von dem aus der Bauer Claude Mathieu 1773 nach Norden gezogen sein soll, um seinen weißen Rindern neues Weideland zu erschließen. Längst hat sich die Rasse über Burgund verbreitet und ist wegen des zarten Fleischs zum Exportschlager geworden. In Frankreich ist das Charolais die am meisten verbreitete Milchviehrasse. Charolles selbst bewahrte seine Viehmärkte, wobei dort allerdings zunehmend Schafe den Besitzer wechseln. Das eindrucksvollere Spektakel findet ohnehin in St-Christophe-en-Brionnais statt, wo sich die Züchter zu einem der größten Rindermärkte Frankreichs treffen.

CHEVALIERS DU TASTEVIN

Tastevin ist eine tassenähnliche Silberschale, aus der man einst Wein probierte. Es ist wohl auch das einzige Trinkgefäß, das namensgebend für eine Ritterschaft ist. Die relativ junge *Confrérie des Chevaliers du Tastevin* wurde 1934 gegründet, als es mit den burgundischen Weinen bergab ging und die Winzer ihr Image aufzupolieren suchten. Über dieses edle Ziel sind die Ritter längst hinausgeschossen. Auf Schloss Clos de Vougeot, ihrem Stammsitz seit 1944, empfangen sie in purpurroter Robe und mit ritterlichem Ritual die erlauchten Häupter der Weinschickeria, um

EINMAL KAPITÄN SEIN

● Burgund verfügt über 1006 km schiffbare Wasserwege, inklusive 360 Schleusen, 30 Bootsverleihstationen und 500 Hausbooten. Mit maximal 4 km/h geht es geruhsam voran, doch werden die Schleusen – immerhin 110 auf dem Canal du Nivernais – Sie allemal auf Trab halten. Von den Anlegestellen aus können Sie außerdem zu Exkursionen mit dem Rad oder zu Fuß aufbrechen. Ein Motorbootführerschein wird nicht benötigt. Größe des Boots und Jahreszeit bestimmen die Mietpreise pro Woche (730–4000 Euro, Hauptsaison frühzeitig buchen!). Verleiher u. a.: *France Passion Plaisance (Paray-le-Monial | Tel. 03 85 53 76 70 | www.france-passion-plaisance.fr); Locaboat Holidays (Ludwigstr. 1 | 79104 Freiburg | Tel. 0761 20 73 70 | www.locaboat.com).* Infos zu allen Kanälen und Bootsverleihern erteilt das regionale Fremdenverkehrsamt *Bourgogne Tourisme (www.bourgogne-tourisme.com).*

Scheint aus der Zeit gefallen, wird aber jährlich zelebriert: Ritterschlag der Chevaliers du Tastevin

Burgunds gute Tropfen in aller Munde zu führen. Bruder wird man nicht auf eigenen Wunsch, sondern durch Ernennung. Jeweils am ersten der „drei ruhmreichen Tage", der *Trois Glorieuses,* am dritten Novemberwochenende nimmt die Confrérie neue Mitglieder auf. Diese festliche Sitzung am Ende der Weinlese, verfeinert durch Lobeshymnen, Trinklieder und Bankette, ist die bedeutendste der jährlich 16 *chapitres,* eben jener Zusammenkünfte im Schloss, bei denen der Weinritter sieht und gesehen wird.

Auf ritterschaftlichem Brauch gründet auch die *St-Vincent Tournante*, ein Fest für den Weinpatron Vinzenz, das an wechselnden Orten der Côte d'Or stattfindet. *www.tastevin-bourgogne.com*

COLETTE

Henry „Willy" Gauthier-Villars schrieb seine als „Claudine-Romane" bekannten Bestseller niemals selbst – er ließ sie lieber von seiner Frau schreiben. Der Stoff und die eigentliche Autorin stammten aus St-Sauveur-en-Puisaye in Burgund, wo Sidonie Gabrielle Colette 1883 geboren wurde. Unter eigenem Namen schrieb sie erst nach ihrer Trennung von Willy, war dann auch als Journalistin tätig, trat im Varieté auf und wurde ausnahmsweise als weibliches Mitglied in die Ehrenlegion aufgenommen. Nach großartigen Erfolgen und zwei weiteren Ehen starb sie 1953. Über ihren Ruhm freute sich das oftmals pikierte St-Sauveur so recht erst nach ihrem Tod und richtete im Schloss ein Colette-Museum ein.

FARBIGE DACHMUSTER

Kunstexperten schreiben den bunten Dächern Burgunds flämischen Ursprung zu. In der Tat reichte das Herzogtum der Grands Ducs bis hinauf nach Flandern, doch das Muster der farbig glasierten

Dachpfannen ist so sehr ein Abbild des herbstlichen Weinlaubs, dass die Dächer einfach in der Bourgogne verwurzelt scheinen. Prächtige Beispiele hierfür sind das Hospiz in Beaune und die Kathedrale von Dijon. Die Muster sind immer geometrisch: Rauten, Zickzacklinien, Fischgrätmuster, Flechtwerk. Die bunten Dächer signalisierten Reichtum. Außer Kirchen sind Stadtpalais und Schlösser damit gedeckt, wie etwa das Hôtel de Vogüé in Dijon oder das Château von La Rochepot.

Die Krönung des Kir: mit Champagner statt mit Weißwein

KANÄLE

Von der Idee bis zum ersten Spatenstich 1774 vergingen über 150 Jahre. Fertig war der Canal de Bourgogne allerdings erst 1843. Wenige Jahre später sollte ihm die Eisenbahn den Rang als Transportweg ablaufen. Die betrübliche Geschichte wiederholt sich bei anderen Kanälen Burgunds, doch die kühnen Planer hinterließen erstaunliche Kapriolen: Schleusen, Aquädukte, Tunnel, Brücken. Diese technischen Meisterleistungen ihrer Zeit begleiten die Freizeitkapitäne der Gegenwart, die den alten Kanälen zu neuer Bestimmung verholfen haben.

KIR, FÉLIX

Wo die Gallier den Römern unterlagen, in Alise-Ste-Reine, wurde 1876 ein neuer Held geboren: Félix Kir, Kanoniker, Bürgermeister Dijons und Widerstandskämpfer im Zweiten Weltkrieg gegen die Deutschen. Nachdem er 5000 französischen Kriegsgefangenen zur Flucht verholfen hatte, wurde er zum Tod verurteilt, dann aber begnadigt. Als er 1968 starb, hinterließ er der Welt über eine menschliche Botschaft hinaus auch den Namen für sein Lieblingsgetränk: den Aperitif Kir, der dem burgundischen Johannisbeerlikör *cassis* die Süße durch Zugabe eines Aligoté-Weißweins nimmt.

LANDSCHÖNHEITEN

Hinter der Dorfsilhouette mit dem obligatorischen Kirchturm glüht der Horizont klatschmohnrot. Eine Idylle! Gleich in fünf Orten in Burgund begegnet Ihnen das Logo des Vereins *Les Plus Beaux Villages de France:* in Noyers-sur-Serein, Châteauneuf-en-Auxois, Semur-en-Brionnais, Vézelay und Flavigny-sur-Ozerain. Dörfer, die aufgenommen werden möchten, müssen mit einem geschlossenen und außergewöhnlichen Architekturensemble locken und dürfen nicht mehr als 2000 Einwohner zählen. Schließlich liegt das eigentliche Ziel des Vereins in der Förderung des Tourismus auf dem Land. Einmal aufgenommen, fließen die Zuschüsse für Restaurierungsprojekte ebenso reichlich wie die Besucher strömen *(www.les-plus-beaux-villages-de-france.org)*.

LANDWIRTSCHAFT & LANDFLUCHT

Vor allem im Norden künden weite Monokulturen von fruchtbarem Boden, für dessen Bestellung wenige Arbeitskräfte genügen. Auch der Weinbau an der Côte d'Or, die Rinderzucht im Süden, die Forstwirtschaft im Westen und im Zentrum benötigen vergleichsweise wenige helfende Hände. Ergebnis ist eine starke Landflucht. Nur 1,6 Mio. Menschen leben in Burgund, davon über 40 Prozent in den Städten.

MORVAN

Seit die Autobahn kurze Wege nach Burgund geschaffen hat, sind die Schleusen offen für Millionen gestresste Pariser, die sich an frischer Luft sportlich betätigen möchten. Ihr Reservat befindet sich im Zentrum Burgunds und trägt den Namen *Parc Naturel Régional du Morvan*. Der Naturpark mit markierten Wanderwegen und großen Seen für den Wassersport erstreckt sich mit knapp 2000 km² über alle vier Departements. Rings um den *Haut-Folin* (901 m) liegt das wasserreiche Herz Burgunds, über dem meist Nebel und Regenwolken geduldig verharren. Einst nutzten Flößer die herabfließenden Ströme, um Holz nach Paris zu verfrachten, jetzt dient das „schwarze Gebirge" (Morvan), das landwirtschaftlich kaum zu nutzen ist, als Refugium für Pflanzen, Tiere – und naturbegeisterte Städter.

Naturpark Morvan: Flüsse, Seen, Staubecken und riesige Waldflächen

RÖMER

In den berühmten Comics von Asterix und Obelix kreist manche Episode um die Schlacht von Alesia 52 v. Chr., als Rom die Gallier besiegte. Der Schauplatz befindet sich – samt futuristischem Informationszentrum – nahe Dijon auf dem Mont Auxois, wo die Statue des besiegten Vercingetorix zum Pilgerziel wurde. Auf dem Mont Auxois selbst entstand zugleich ein neues archäologisches Museum – das Interesse an der antiken Geschichte Burgunds ist unverändert groß. Die Region besitzt viele authentische Zeugen der Römerzeit, darunter das gut sortierte Museum auf dem Mont Beuvray, einst Standort der gallischen Siedlung *Bibracte.* In ihrer Nähe gründeten die Römer 10 v. Chr. *Augustodunum* (Autun). Dort sind Reste von Stadttor, Tempel und Theater erhalten. Immerhin vier Jahrhunderte währte die römische Herrschaft, dann fielen die Alemannen und Franken in Burgund ein.

ESSEN & TRINKEN

Saulieu ist kein Ort, über den man in Deutschland viele Worte verliert. Anders in Frankreich, das spätestens seit dem 16. Jh. die Gastronomie dieses burgundischen Dorfs in den Himmel hebt. Über viele Windungen hat sich das kulinarische Prestige auf das gesamte Burgund ausgedehnt, das heute einen Rekord hält: Keine andere Region Frankreichs kann auf so viele Spitzenköche verweisen. Ein besonders eifriger ***Sammler lukullischer Sterne*** war Küchenmeister Bernard Loiseau aus Saulieu. Als der Drei-Sterne-Koch fürchtete, die begehrte Höchstnote des Michelin zu verlieren, beging er Selbstmord und die Gastrokritiker gerieten selbst in die Kritik. Das Relais Bernard Loiseau hält heute mit Loiseaus Nachfolger Patrick Bertron immerhin noch zwei Sterne.

Mittlerweile haben Altmeister wie Jean-Michel Lorain (Joigny) und Marc Meneau (St-Père-sous-Vézelay) ***Platz für junge Wilde*** eingeräumt. Da ist William Frachot in Dijon (Chapeau Rouge), Tüftler mit Hang zum Internationalen. Da sind Jérôme und Maria Brochot in Montceau-les-Mines (Jérôme Brochot), bei denen auch das Einfache immer appetitlich angerichtet sein muss. Da ist David Zuddas in Dijon (DZ'envies), stets rastlos und innovativ. Wer sich dort an eine der ● ***grandes tables*** setzt, sollte den Geldbeutel gut gefüllt und ein Wörterbuch parat haben. Denn der Genuss wird schon mit Worten zelebriert, etwa so: *escargots de Bourgogne aux courgettes grillées et au lait d'amandes épicé.* Kern solcher Kreationen sind landestypische

 Bild: Epoisses de Bourgogne

Genießen nach Burgunder Art: Aus bäuerlichen Wurzeln ist auf fruchtbarem Boden ein Olymp für Gourmets gewachsen

Grundlagen, in diesem Fall Burgunder Weinbergschnecken, um die der Starkoch seine Variationen rankt, hier gegrillte Zucchini und ein Mandelmus.

Eher deftig, mit viel Butter angereichert und sehr schmackhaft ist das, was die ***ländliche Küche*** serviert. Ihr Credo: ***gute, frische Zutaten aus der Region***, oft aus einem sehr kleinen Einzugsgebiet, wo vielleicht die besten Barsche gefangen werden oder die schmackhaftesten Schalotten gedeihen. Die besonders tief verwurzelten Bauerngerichte, *coq au vin* oder *bœuf bourguignon,* bauen auf die ***Kraft eines guten Weins***. Da wird schnell mal eine ganze Flasche geleert, damit das Fleisch vom Charolais-Rind oder vom Bressehuhn auch richtig mundet.

Der gute Ruf hat eine Kehrseite, denn vielerorts, vor allem in touristischen Zentren, kommt inzwischen auch miserable Qualität zu stolzen Preisen auf den Tisch. Sie werden ein feines Gespür benötigen, um den Braten früh genug zu riechen. Ansonsten hilft es Ihnen nur, sich auf die gern gegebenen Empfehlungen der

SPEZIALITÄTEN

andouillette de Chablis – Wurst aus Schweineinnereien in Weißwein
bœuf bourguignon – in Rotwein mariniertes Rindergulasch mit Karotten, Speck und Champignons (Foto re.)
civet de lièvre – Hasenpfeffer in Rotwein mit Zwiebeln, Speck und Pilzen
coq au Chambertin – in bestem Gevrey-Chambertin zubereitetes Hähnchen
escargots de Bourgogne – Burgunder Schnecken mit Champignons
flamusse aux pommes – Apfelauflauf mit einer Biskuithaube
fondue bourguignonne – Fondue mit Rinderfilet und diversen Saucen
gaude – Maismehlsuppe
gougères – Vorspeise in der Art eines Windbeutels, aber mit Käsefüllung
grapiau – Speckpfannkuchen aus dem Nivernais
jambon braisé à la lie du vin – in Hefewein gekochter Schinken
jambon persillé – gekochter Schinken in Petersiliengelee
lapereau à la moutarde – Wildkaninchen in Senfsauce
œufs en meurette – pochierte Eier auf Toastbrot mit angedickter Rotweinsauce und Speck
pain d'épice – Gewürz- oder Honigkuchen aus Dijon (Foto li.)
paupiette de veau – gefüllte Kalbsroulade
pôchouse – verschiedene Süßwasserfische werden in Weißwein zu einer Suppe gekocht und mit Croûtons serviert
poire belle dijonnaise – Birne mit einem Sorbet aus Cassis
poulet de Bresse à la crème – Bressehuhn in einer Weißwein-Sahne-Sauce
quenelle de brochet – Hechtklößchen, oft in Bärlauchsauce
queue de boeuf à la vigneronne – Ochsenschwanz mit Weintrauben
sauce bourguignonne – dunkle Sauce aus Rotwein, Schalotten, Thymian, Lorbeer und Petersilie

Einheimischen zu verlassen. Und outen Sie sich nicht gleich als Fremder, indem Sie einen Tisch einfach so in Beschlag nehmen: In Frankreich weist der Kellner den Platz zu.

Beim Preisniveau lautet die Faustregel: ***Mittags speist man günstiger.*** Auch Nobelrestaurants bieten dann ein Menü zum kleinen Preis an *(menu du jour)*, wobei sich das Angebot auf die Zeit von

Montag bis Freitag beschränkt. Immer mehr Restaurants, Cafés oder Bistrots locken zudem mit einer attraktiven **formule**, etwa Vorspeise plus Hauptgang oder Hauptgang plus Dessert, evtl. mit Café und/oder einem Glas Wein. Ein Trend bei den *grandes tables* sind **Zweitrestaurants in Form eines Bistrots**: Auch hier speisen Sie günstig und bekommen doch einen Eindruck vom Können eines großen Chef de Cuisine.

Nach guter französischer Sitte ist auch in Burgund das Abendessen die Hauptmahlzeit, während mittags oft ein preiswertes Tagesgericht (**plat du jour**; mit Nachtisch **menu du jour**) gereicht wird. Das Diner bestellt man **à la carte** oder wählt eines der meist günstigeren Menüs mit mindestens drei Gängen, wobei nach dem Dessert oder einer Platte mit **Burgunds guten Käsen** – es gibt rund 30 Sorten – der *petit café* getrunken wird.

Ansonsten sollten Sie außerhalb der üblichen Mahlzeiten möglichst keinen Hunger haben. Mittags steht das Essen zwischen 12 und 14 Uhr auf dem Tisch, abends ab 19.30 Uhr. In kleinen Orten und im Winterhalbjahr werden die Türen früh geschlossen, manchmal schon vor 22 Uhr. Letzte Zuflucht wäre dann eine **Brasserie**, in der Flüssiges mehr Bedeutung hat als die kredenzte Hausmannskost. Die gibt es allerdings auch zu Zeiten, die Franzosen sonst als „unmöglich" betrachten.

Ein wirklich **edler Tropfen** wird in Burgund nach wie vor nicht offen serviert. Schon das **Etikett der Flasche verrät ziemlich viel über deren Inhalt**. Da wäre zunächst die *A.O.C.*, die *Appellation d'Origine Contrôlée.* Diese kontrollierte Herkunftsbezeichnung verweist auf das jeweilige Anbaugebiet, das seinerseits in Lagen *(climat)* unterteilt wird. Die weitere Sortierung nimmt Bezug auf die Qualität der Lage, das wären in aufsteigender Folge *Appellations Régionales,* die den Hauptanteil ausmachen, ferner die schon besseren Weine mit dem Zusatz *Village,* darüber *Premiers Crus* und schließlich die 32 *Grands Crus.*

Kommt aus dem nördlichsten Weinbaugebiet Burgunds: Chablis

Grundsätzlich ist Burgund ein eher kleines Weinbaugebiet, das als schmales Band zwischen Dijon und Mâcon verläuft. Als Faustregel für die Rotweine kann gelten, dass ihre **Qualität von Nord nach Süd abnimmt**, um erst im Beaujolais, schon außerhalb Burgunds, wieder zuzulegen. **Die wirklich großen Namen** begegnen Ihnen jedenfalls im Gebiet um Beaune: Gevrey-Chambertin, Vosne-Romanée, Nuits-St-Georges, Pommard. Bei den **Weißweinen** hingegen stehen Chablis im Nordwesten und Pouilly-Fuissé im Süden an der Spitze, während der Meursault eine echte „Insel" in der Rotweingegend von Beaune bildet.

EINKAUFEN

FEINKOST

Crème de Cassis ist ein Johannisbeerlikör, der an der Côte d'Or hergestellt wird. Man mischt ihn mit Aligoté-Weißwein zum Aperitif Kir. Kleine Erzeuger sind das A und O für Käse, Wurst, Schinken oder *patés*: Jeder hat sein eigenes Rezept, jedes Produkt schmeckt anders, immer jedoch köstlich. Aber selbst im *supermarché* sind Sie bei Auswahl und Qualität gut bedient. Moutarde de Dijon, Senf aus Dijon, wird seit dem Mittelalter hergestellt. Die hohe Kunst des Senfmachens hat sich im Lauf der Jahrhunderte verfeinert. Neben Klassikern wie Knoblauchsenf gehören raffinierte Kreationen wie Cassis- oder Gewürzkuchensenf zum Angebot. Schinken aus dem Morvan ist ein würziger, luftgetrockneter, im Glücksfall von frei auf der Eichenwiese laufenden Schweinen.

KÄSE

Knapp 30 verschiedene Käsesorten haben Kenner in Burgund gezählt. Der nach dem Dorf Époisses benannte cremige Weichkäse wird aus roher Kuhmilch gewonnen. Die Variante Aisy cendré ist mit feiner Asche bedeckt. Der Ami du Chambertin braucht eine Buchenspanschachtel, um nicht davonzulaufen. Der Kuhmilchkäse von der Côte d'Or wird in Trester gewaschen. Ziegenkäse gibt es in ganz Burgund. Die bekanntesten sind der bei der Reifung härter werdende Crottin de Chavignol von der Loire und die Pâtes molles aus dem Charollais. Den Chaource isst man bevorzugt jung. Gut ausgereift kommen hingegen die Kuhmilchkäse St-Florentin und Soumaintrain aus Yonne auf den Tisch. Die großen Klöster stehen noch heute für herzhafte Weichkäse. Der Käse aus Cîteaux erinnert an einen Reblochon, der aus der Abbaye de la Pierre qui vire hat ein frisches Kräuteraroma.

LIFESTYLE

Für französische Prêt-à-porter, kleine Modelabels, Design, Kosmetika und feine Düfte sind die Einkaufsmeilen von Dijon, hier vor allem die rue de la Liberté und ihre Seitenstraßen, oder von Auxerre, hier vor allem das Umfeld der place de l'Hôtel de Ville, ein sicherer Tipp. Sowohl stylische wie nützliche Küchenutensilien und Zubehör für Weinfreunde findet man in allen Städten im gut sortierten Fachhandel. Auch an Retro-Trödel und Antikem herrscht nirgendwo Mangel. Museumsboutiquen wie etwa die der

Die Liebe zu Burgund geht durch den Magen. Entsprechend kulinarisch fällt der Einkaufszettel aus. Der Rest? Très français!

Hospices de Beaune und Fachgeschäfte bieten zudem Kopien von Kapitellen und Tapisserien sowie hochwertige Kunstbände an. Und schließlich Fayencen: Ganz Frankreich denkt da an Nevers, wo etliche Betriebe die klassischen Dekore und moderne Formen herstellen.

SÜSSES

Zu den süßen Verführungen gehören das *pain d'épices* aus Dijon. In den Teig gehören Mehl, Eier, Berghonig aus dem Morvan sowie jede Menge Gewürze. Anisspezialitäten aus Flavigny oder der *cacous*-Kuchen aus Paray-le-Monial sind weitere traditionelle Süßigkeiten. Innovativ gehen die *chocolatiers* ans Werk: Fabrice Gillotte kreiert in Dijon schwarze Schokolade mit exotischen Gewürzen *(www.fabrice-gillotte.fr),* Bernard Dufoux aus La Clayette wurde für seine gewagten Pralinenkreationen zum „besten Chocolatier Frankreichs" geadelt *(www.chocolatsdufoux.com).* Noch etwas: Den besten Wald- und Gebirgshonig bieten die Imker aus dem Morvan an.

WEIN

Bourgogne oblige, an erster Stelle steht Wein. Die Region ist Weinland, ihre Tropfen sind weltweit bekannt und erzielen stolze Preise. Der Einkauf direkt beim Winzer ist günstiger als der beim deutschen Weinhändler. Es gibt zudem viele kleine unbekannte Appellationen, die zu erstaunlich guten Preisen große Weine bieten. Die Broschüre „En route vers les Bourgognes" (Download unter *www.weine-aus-dem-burgund.de*) listet unter dem Label „De Vignes en Cave" (zu Deutsch „Von der Kelter in den Keller") jene Winzer auf, bei denen Sie probieren und gleich einkaufen können. Besonders an der Côte d'Or ist das Preisniveau hoch. Günstiger wird es im Mâconnais oder im Auxerrois, wo relativ unbekannte Appellationen wie Irancy echte Schnäppchen möglich machen.

CÔTE D'OR

Ein schmaler Landstrich, kaum mehr als 60 km lang, prägt unser Bild von Burgund: die Cote d'Or. Zwei Dutzend der 33 Grands Crus der Region entfallen auf das Weinanbaugebiet südlich von Dijon. Ortsnamen wie Gevrey-Chambertin, Nuits-St-Georges, Pommard oder Vosne-Romanée klingen nach Spitzenlagen und Spitzenpreisen.

Verschwiegener als die Orte an der prestigeträchtigen Weinstraße ● *Route des Grands Crus (www.route-des-grands-crus-de-bourgogne.com)* sind die Dörfer in den Hautes-Côtes, den höher gelegenen Lagen oberhalb der Côte d'Or. Unterhalb der zur Saône-Ebene abfallenden Côte d'Or ist es mit dem Weinbau vorbei. Dafür lockt das Kloster Cîteaux in die Ebene, aus der im Mittelalter das christliche Abendland revolutioniert wurde. Nabelpunkte der Region sind zwei sehr unterschiedliche Städte. Während Beaune, Weinhauptstadt Burgunds, vom Handel mit noblen Tropfen lebt, hat Dijon als Verwaltungshauptstadt dank Universität, hochmodernem Veranstaltungssaal, lebendiger Theaterszene und Hightech-Firmen die Herausforderungen der Moderne angenommen.

BEAUNE

KARTE IM HINTEREN UMSCHLAG (126 B2) (J5) **Zwar ist Beaune wesentlich kleiner als Dijon, jedoch der ältere Regierungssitz. Erst im 14. Jh. zogen die Herzöge nach Dijon um.**

Bild: Das Dörfchen Orches zwischen Fels und Wein

Weine an goldenen Hängen: Rings um die lebhaften Städte Beaune und Dijon breiten Rebstöcke ihr friedliches Grün aus

Durch den Weinhandel hat sich die Stadt mit ihren 22 000 Einwohnern schließlich ein Stück Macht zurückerobert und mit dem Hôtel-Dieu ein wirkliches Highlight bewahrt. Kehrseite der Touristenströme sind hohe Hotelpreise und teils schlechte Restaurants. Achten Sie vor allem an der place Carnot darauf, nicht in eine dieser Touristenfallen zu geraten. Dagegen warten in den Gassen ringsum versteckte Schätze: lauschige Innenhöfe, verlockende Weinkeller und an der place Monge alte Palais.

SEHENSWERTES

COLLÉGIALE BASILIQUE NOTRE-DAME

Diese Kollegiatskirche (12. Jh.) wurde mehrfach umgestaltet. Werfen Sie aber unbedingt einen Blick in den Chor mit einer Sammlung von Tapisserien aus dem 15. Jh.; es lohnt sich. *Kirche: ganzjährig tgl. 8.30–19 Uhr | Eintritt frei; Chor: Mitte März–Mai, Okt.–Mitte Nov. Fr/Sa 10–13, 14–18, So 14–18, Juni–Sept. Mi–Mo 10–13, 14–18, So 14–18 Uhr | Eintritt frei, Führung 3 Euro | place du Général Leclerc*

Unendlich oft auf Bildern gesehen, doch im Original noch schöner: das Hôtel-Dieu in Beaune

HÔTEL DES DUCS DE BOURGOGNE

Das Palais der Herzöge von Burgund, ein Ensemble aus Fachwerk (14.–16. Jh.) beherbergt ein Museum zur Geschichte des Weinbaus. *April–Sept. Mi–Mo 10–13, 14–18, März, Okt./Nov. Mi–So 11–18 Uhr | 5,80 Euro | www.musees-bourgogne.org*

HÔTEL-DIEU ★ ●

Bunte Dachziegel im Innenhof des Hôtel-Dieu zählen zu den begehrtesten Fotomotiven Burgunds. Ebenso eindrucksvoll ist der Blick in den 52 m langen Krankensaal, in dem 28 Betten für die Armen so stehen, als sei es Zeit für die Visite. Das 1443 von Kanzler Nicolas Rolin gegründete und bis 1971 tätige Spital kurierte mit weltlicher und geistlicher Medizin. Die Kranken, die zu zweit in einem Bett lagen, blickten in Richtung eines Flügelaltars, der das „Jüngste Gericht" zeigte: Die Reinen wurden mit dem Himmelreich belohnt, die Sünder kamen in die Hölle. Das 1443–51 geschaffene Werk wird Rogier van der Weyden zugeschrieben und hängt heute in der *Salle du Polyptyque*. Auch Küche und Apotheke sind beim Rundgang zu sehen. *Mitte März–Mitte Nov. tgl. 9–18.30, Mitte Nov.–Mitte März 9–11.30, 14–17.30 Uhr | 7,50 Euro | 2, rue de l'Hôtel-Dieu | www.hospices-de-beaune.com*

INSIDER TIPP MOUTARDERIE FALLOT ●

Nichts geht über eigenen Senf. Den dürfen Sie in der letzten Senffabrik herstellen, die noch als echter Familienbetrieb arbeitet. *Ganzjährig Betriebsführungen Mo–Sa | reservieren (!) über Tel. 03 80 22 10 10, www.fallot.com oder über das Office de Tourisme, Tel. 03 80 26 21 30 | 10 Euro | 31, rue faubourg Bretonnière*

MUSÉE DES BEAUX ARTS

Ein im 19. Jh. zum Weinlager umgebautes Stadttor, beherbergt heute das Musée des Beaux Arts mit Gemälden und archäologischen Fundstücken. Zu sehen sind u. a. die impressionistischen Bilder des in Beaune geborenen Malers Félix Ziem. *April–Sept. Mi–Mo 10–13, 14–18, März, Okt./Nov. Mi–So 11–18 Uhr |*

5,80 Euro | 6, boulevard Perpreuil | www.musees-bourgogne.org

STADTMAUER

Entlang der fast intakten Mauer aus dem 15./16. Jh. führt Sie ein Spaziergang, teils unter Platanen, einmal im Kreis um das Herz von Beaune.

ESSEN & TRINKEN

LE COMPTOIR DES TONTONS

Gekonnt ist gekonnt, wie sich beim *confit de joue de boeuf en armentier à l'huile de truffe* zeigt: An den Tischen des Bistrots geht es vergnüglich zu, vor allem wenn der Kellner die Bodenluke öffnet, um eine Flasche heraufzuholen. Die Köchin ist eine Autodidaktin, die fast nur Bioprodukte für ihre schmackhafte Küche verwendet. *So, Mo geschl. | 22, rue du Faubourg Madeleine | Tel. 03 80 24 19 64 |* €–€€

MA CUISINE

Eine erfrischend schnörkellose Küche (Kaninchen mit Estragon, Kalbsfilet mit hausgemachten Nudeln) und 800 (!) tolle Weine zu vernünftigen Preisen machen den Reiz des charmanten Bistrots aus. *Sa, So, Mi geschl. | Passage Ste-Hélène | Tel. 03 80 22 30 22 |* €

EINKAUFEN

Sorgfältig nach alten Vorbildern ausgeführt sind die INSIDER TIPP Tapisserien, die der Shop des Hôtel-Dieu anbietet. Eine Weinhandlung mit gut 200 Jahren Erfahrung ist *Patriarche Père et Fils (5–7, rue du College | www.patriarche.com)*. Adäquate Utensilien vom Weinglas bis zum Korkenzieher gibt's im *Athenaeum de la Vigne et du Vin (5, rue de l'Hôtel-Dieu | www.athenaeum.com)*.

FREIZEIT & SPORT

Wein als Heilmittel lautet die Maxime der Vinothérapie im *Spa Bourgogne Vignes & Bien-Être (5, rue du Château | Tel. 03 80 21 19 91 | www.spa-en-bourgogne.com)*. Inhaberin Nathalie Molinier

MARCO POLO HIGHLIGHTS

★ Hôtel-Dieu
Ein Krankensaal für die Armen als Kunstgenuss in Beaune → S. 34

★ Château du Clos de Vougeot
Weinschloss in einem grünen Meer aus Reben → S. 37

★ Château de La Rochepot
Trutzige Mittelalter-Romantik in der größtenteils rekonstruierten Burg → S. 37

★ Herzoggräber
Geniale Bildhauerarbeit für die Ewigkeit im Musée des Beaux Arts in Dijon → S. 40

★ Abbaye de Fontenay
Überstand die Revolution als Papierfabrik: Frankreichs besterhaltene Zisterzienserabtei → S. 44

★ Château de Bussy-Rabutin
Exilschloss mit einer Galerie der schönsten Frauen: beim Dichter der Pariser Liebschaften → S. 44

★ Châteauneuf-en-Auxois
Festungsdorf auf hohem Fels mit traumhaftem Ausblick → S. 44

★ Saulieu
Gourmethochburg und Bilderbuchaltstadt → S. 46

schwört auf die Heilkraft der Weintraube, wozu Massagen mit Traubenkernöl, Peelings mit Traubengranulat und Traubenkernbäder gehören. Individueller können Sie Wellness kaum genießen.
Bourgogne Randonnées (7, avenue du 8 septembre | Tel. 03 80 22 06 03 | www.bourgogne-randonnees.fr) heißt die Adresse für Radfahrer und Wanderer. Neben dem Verleih von 200 Rädern werden Touren (auch Wandern) organisiert.

AM ABEND

Beaune ist kein Ort für Nachtschwärmer, aber eine sympathische Weinbar wie *Les Mille et Une Vignes (Di–Sa 11–24, So 11–15 Uhr | 61, rue de Lorraine)* lädt dazu ein, den Abend entspannt ausklingen zu lassen.

ÜBERNACHTEN

LES JARDINS DE LOIS

Das elegante Weingut in Fußnähe zur Altstadt bietet 5 großzügige *chambres d'hôte* mit viel Charme. Verkostung eigener Weine! *5 Zi. | 8, boulevard de la Bretonnière | Tel. 03 80 22 41 97 | www.jardinsdelois.com* | €€€

INSIDER TIPP LA MAISON D'OLIVIER LEFLAIVE

Designhotel und berühmtes Weingut: Die Hälfte der großzügigen Zimmer verblüfft mit knalligen Farben und Pop-Art-Stil. Auch der moderne Raum für Weinproben signalisiert, dass das Weingut im 21. Jh. angekommen ist. *13 Zi. | 10, place du Monument | Puligny-Montrachet (13 km südl. von Beaune) | Tel. 03 80 21 95 27 | www.maison-olivierleflaive.fr* | €€€

DES REMPARTS

Das komfortable Haus aus dem 17. Jh. befindet sich abseits des Trubels am Rand der Altstadt mit eigenem Garten. Die Zimmer haben teils Parkett, die Suiten sogar einen offenen Kamin. *15 Zi. | 48, rue Thiers | Tel. 03 80 24 94 94 | www.hotel-remparts-beaune.com* | €€–€€€

AUSKUNFT

OFFICE DE TOURISME

1, rue de l'Hôtel-Dieu und *6, boulevard Perpreuil | Tel. 03 80 26 21 30 | www.ot-beaune.fr*

ZIELE IN DER UMGEBUNG

ABBAYE DE CÎTEAUX (126 C2) (*J5*)

1098 gründete eine Splittergruppe der Benediktiner ein neues Kloster – später nach dem dort verbreiteten Schilfrohr *(cistels)* Cîteaux genannt und damit namensgebend für den Zisterzienserorden. Cîteaux (28 km nordöstl. von Beaune) war Begräbnisstätte der frühen Herzöge von Burgund und wurde während der Revolution größtenteils zerstört. Seit 1898 nutzen Trappisten die verbliebe-

Château de Corton-André: wunderschöne Lage und super Weine, die Sie hier auch verkosten können

nen Gebäude und gewähren Besuchern seit 1998 Einlass. Der klostereigene Käse wird das ganze Jahr über verkauft, Führungen sind jedoch auf wenige Stunden beschränkt: *Juli/Aug. Di–Sa 10.30, 11.30, 14, 15, 16, 17, So 12.15, 13, 14, 15, 15.30, 16, 16.30 und 17, Mai/Juni, Sept. Mi–Sa 10.30, 11.30, 14.30, 15.30, 16.30, So 12.15, 13.30, 14.30, 15.30, 16.30 Uhr | 7,50 Euro | www.citeaux-abbaye.com*

ALOXE-CORTON (126 B–C2) (*J5*)
Das Winzerdorf (200 Ew.) genießt den besten Ruf für seine *Grands Crus* und ist mit dem *Château de Corton-André* inmitten grüner Felder auch eine Augenweide. Der Weinkeller des bunt gedeckten Schlosses ist ganzjährig geöffnet.

CHÂTEAU DU CLOS DE VOUGEOT ★
(126 C1) (*J5*)
Das Fest der *Trois Glorieuses* versammelt Prominenz aus ganz Europa im Clos de Vougeot, dem Sitz der *Confrérie des Chevaliers du Tastevin*. Das Renaissance-Château mit Wirtschaftsgebäuden aus dem 12. Jh. gehörte bis zur Französischen Revolution der Abtei von Cîteaux. Unter dem Schloss erstreckt sich ein gewaltiger Felskeller, der bis zu 2000 Fässer aufnimmt. Zu besichtigen sind zudem vier gewaltige Pressen sowie eine Sammlung von Tastevin-Schalen. *April–Okt. tgl. 9–18.30, Sa bis 17, Nov.–März tgl. 10–17 Uhr | 7,50 Euro | www.closdevougeot.fr*

CHÂTEAU DE LA ROCHEPOT ★
(126 B2) (*J6*)
Grandios ist der Blick aus der Ferne auf dieses mächtige Schloss, das sich über dem geduckten Dorf (250 Ew., 15 km südwestl. von Beaune) erhebt. Eindrucksvoll auch der Besuch des Adelssitzes aus dem 15. Jh., obwohl er größtenteils rekonstruiert ist. Während der Revolution zerstört, wurde das Schloss im 19. Jh. mit romantisierenden Elementen wieder aufgebaut. *Juli/Aug. Mi–Mo 10–18.30, März–Juni, Sept.–Nov. 10–17.30 Uhr | www.larochepot.com*

Gepflegtes Grün: Château de Pommard

GEVREY-CHAMBERTIN (126 C1) (*J5*)
Der Ort Gevrey (3000 Ew., 27 km nordöstl. von Beaune) schmückt sich mit dem Weinlabel seines berühmten Chambertin. Neun *Grands* und 26 *Premiers Crus* sind ringsum beheimatet. Doch das Château, das bereits die Äbte von Cluny in ein Weinlager verwandelten, wurde von Chinesen gekauft und ist seitdem nicht mehr zu besichtigen. Anschauen kann man sich hingegen das Neorenaissance-Château im nahen *Brochon*, in dem der Dichter Stéphen Liégeard zur Welt kam. *Mitte Juli–Ende Aug. Do–So Führungen 14.30, 16.30 Uhr | 5 Euro | www.chateau-brochon.fr*

MEURSAULT (126 B2) (*J6*)
Das Dorf (1600 Ew., 7 km südl. von Beaune) ist eine Weißweininsel am Rand roter Spitzengewächse, denn der Boden eignet sich besonders für die Chardonnay-Traube. Gekeltert werden daraus allein 17 *Premiers Crus.* Im aus dem 14./15. Jh. stammenden Keller des Château werden 800 000 Flaschen aufbewahrt – *Les Petits Noizons* heißt das *climat,* also die Lage, deren Tropfen probiert und eingekauft werden können. Die Kirche *St-Nicolas* (15 Jh.) ist die ehemalige Schlosskirche. Das Château selbst dient heute als Rathaus. Bacchantische Stimmung herrscht beim Fest *La Paulée* am Ende der *Trois Glorieuses,* bei dem ein Literaturpreis (100 Flaschen Meursault) vergeben wird.

NOLAY (126 B2) (*H6*)
Nehmen Sie sich in Nolay (1550 Ew., 20 km südwestl. von Beaune) Zeit für einen Kaffee bei den *hölzernen Markthallen* (14. Jh.). Umringt von Antikhändlern findet dort montags der Wochenmarkt statt. Übernachtungstipp: *Hôtel de la Halle (13 Zi. | place de la Halle | Tel. 03 80 21 76 37 | www.hotel-la-halle-nolay.com | €)* mit netten, einfachen Zimmern, einige davon mit Blick auf Markthalle und Kirche. 5 km nördlich von Nolay wartet mit dem INSIDER TIPP *Cirque du Bout du Monde* ein sorgsam gehütetes Naturwunder. Das Tal der Tournée endet dort an einer hohen Felswand, über die ein Wasserfall stürzt.

NUITS-ST-GEORGES (126 C2) (*J5*)
Das geschäftige Städtchen (5500 Ew., 15 km nordöstl. von Beaune) kringelt sich um die *Grand'Rue,* die Hauptachse im Ort. Das Wahrzeichen ist der *Beffroi*, ein weinberankter Belfried von 1619. Das *Musée d'Histoire et d'Archéologie (Mai–Okt. Mi–Mo 10–12 und 14–18 Uhr | 2,20 Euro)* hütet gallo-römische Funde von einer nahen Ausgrabungsstätte. Im *Cassissium (April–Mitte Nov. tgl. 10–13 und 14–19, Mitte Nov.–März Di–Sa 10.30–13 und*

14.30–18 Uhr | 9 Euro | rue des Frères Montgolfier | www.cassissium.com) wird derweil das Geheimnis edler Johannisbeerliköre gelüftet. Das *Imaginarium (tgl. außer Mo morgens 10–17.30, Vinothek bis 19 Uhr, Nov.–März Mo geschl. | 7,50 Euro | avenue du Jura | www.imaginarium-bourgogne.com)* ist ebenfalls dem Alkohol gewidmet, diesmal Schaumweinen *(crémants)*. 2 km außerhalb wurde ein Jagdschloss (16. Jh.) inmitten idyllischer Natur zum Hotel *La Gentilhommière (20 Zi., 11 Suiten | 13, vallée de la Serrée | Tel. 03 80 61 12 06 | www.lagentilhommiere.com | €€€)* mit hervorragendem Restaurant umgebaut.

POMMARD (126 B2) *(J5)*

Das Dorf (600 Ew.) versorgt die Weinhändler im 3 km nordöstlich gelegenen Beaune mit Rotweinen von erlesener Güte, die Sie u. a. im *Château de Pommard (tgl. 9.30–18.30, im Winter bis 17.30 Uhr | 25 Euro)* verkosten können.

SANTENAY (126 B3) *(J6)*

Thermalbad war Santenay (900 Ew., 17 km südwestl. von Beaune) bereits in der Antike, später gesellte sich der Weinbau hinzu. Nobelste Probierstube ist das *Château de Santenay (tgl. 9–12, 14–17 Uhr)* mit mittelalterlichem Keller. INSIDER TIPP *Voie des Vignes* heißt ein Radweg durch die Weinberge, der von Santenay nach Beaune führt. Die 23 km lange Strecke schlingert durch ein Dutzend Weindörfer und lässt sich trotz einiger Aufs und Abs von jedermann bewältigen.

DIJON

KARTE IM HINTEREN UMSCHLAG
(122 C6) *(J4)* **Für pulsierendes Leben sorgen in Dijon (151 000 Ew.) allein 30 000 Studenten. Von Senf bis Fachwerk reichen die Stichworte, die Dijon zum Tourismusmagneten machen.**
1966 wurden fast 1 km² der ● Altstadt zu einer der größten Schutzzonen Frankreichs erklärt. Hinter den konservierten Mauern hat sich ein modernes Lebensgefühl etabliert, getragen von Künstlern, Studenten und jungen Managern.
1364–1477 war die einstige Römersiedlung Residenz der burgundischen Herzöge, dann Sitz eines Ständeparlaments. Der Adel hinterließ über 100 Palais, die ältesten sind noch aus Fachwerk errichtet. Bei einem Einkaufsbummel können Sie hier die nach alter Methode zubereiteten Köstlichkeiten – Senf, Cassis und Gewürzbrot – probieren und anschließend auf der Terrasse eines Bistrots, etwa bei den quirligen Markthallen, die Zeit verbummeln.

SEHENSWERTES

CATHÉDRALE ST-BÉNIGNE/ MUSÉE ARCHÉOLOGIQUE

Spannend wird es bei der gotischen Kathedrale (13. Jh.) an der place St-Bénigne erst im Untergeschoss. Zwei Kapellen aus dem 6. Jh. wurden um 900 durch ein kreisrundes Oratorium miteinander verbunden. In dieser heutigen Krypta

> CITY **WOHIN ZUERST?**
> **Place de la Libération:** Dijons umtriebige große Bühne 15 Minuten zu Fuß vom Hauptbahnhof – mit Tiefgarage. Im Süden des Platzes erheben sich Palais des Ducs und Musée des Beaux Arts. Bis an die Westseite reicht die Shoppingmeile, die verkehrsberuhigte rue de la Liberté. Zu den Trödlern und Antiquitätenhändlern hinter dem Palais des Ducs ist es nur ein Katzensprung.

finden sich einige der frühesten skulptierten Kapitelle Burgunds. Von der großen romanischen Basilika, die über der Krypta errichtet und später für den Bau der gotischen Kirche abgerissen wurde, haben sich nur Freskenreste erhalten. Sie sind neben prähistorischen Funden im archäologischen Museum zu sehen, das im ehemaligen Benediktinerkloster St-Bénigne eingerichtet wurde. *Mi–Mo (im Winter Mi, Sa/So) 9–12.30, 14–18 Uhr | Eintritt frei, außer bei Sonderausstellungen | 5, rue du Docteur Maret*

ÉGLISE NOTRE-DAME

Mit dem Kopf im Nacken haben Sie hier den schönsten Blick: In drei Reihen sind die rein dekorativen Wasserspeier der gotischen Kirche gestaffelt. Im Türmchen rechts hängt *Jacquemart*, eine Glocke, die Philipp der Kühne 1382 als Kriegstrophäe aus Flandern mitbrachte. Weil die Bürger ihrem Jacques eine eigene Familie wünschten, ergänzten sie 1610 eine „Glöckin", 1714 und 1881 dann gar noch Sohn *Jacquelinet* und Tochter *Jacquelinette.* Die schwarze Madonna in der Kapelle rechts vom Chor aus der Zeit um 1100 zählt zu den ältesten Holzmadonnen Frankreichs. *Rue de la Préfecture*

INSIDER TIPP MARKTHALLEN

Les halles aus der Belle Époque sind das pulsierende Herz der Altstadt. Händler und Bauern schichten Di, Do nur in den Hallen, Fr und Sa unter der gusseisernen Konstruktion und ringsherum Obst und Gemüse zu appetitlichen Arrangements auf. Feinkostbetriebe wie die *Fromagerie Delon* oder die *Charcuterie Alviset* gehören zu den am meisten umlagerten Ständen. Immer häufiger ist das Angebot bio, d.h. von Erzeugern, die auf Chemie auf dem Feld und im Stall verzichten. Während in den Hallen abgewogen und abgepackt wird, breiten sich auf den Trottoirs ringsherum und in der nahen rue Musette Bistrot- und Caféterrassen aus.

MUSÉE DES BEAUX ARTS

Die schiere Fülle der Exponate, darunter Gemälde seit dem 14. Jh. und Werke des burgundischen Bildhauers François Pompon, ist überwältigend. Achten Sie also darauf, die Glanzstücke des Museums nicht zu versäumen, die ★ *Herzoggräber* der Herzöge Philippe le Hardi und Jean sans Peur in der *Salle des Gardes*. Schon zu Lebzeiten hatte Philippe sein Grabmal in Auftrag gegeben. Rings um die Liegefigur des Herrschers zieht ein Trauerzug aus 40 Gefolgsleuten und Mönchen. Dieses Thema der *Pleurants* (Weinenden) wiederholt sich beim Grabmal von Jean sans Peur. Die Gräber befanden sich ursprünglich in der Kartause von Champmol, aus der auch die beiden großartigen Schnitzaltäre des 14. Jhs. stammen. *Mai–Okt. Mi–Mo 9.30–18, im Winter 10–17 Uhr | Eintritt Dauerausstellung frei | Palais des Ducs | place de la Ste-Chapelle | www.musees-bourgogne.org*

MUSÉE DE LA VIE BOURGUIGNONNE

Ein ehemaliges Kloster beherbergt die Sammlung zur burgundischen Kulturgeschichte. In der weiträumigen Anlage sind INSIDER TIPP zehn alte Geschäfte originalgetreu rekonstruiert, sodass Sie dort ein fast vergessenes Dijon nacherleben können. Ein Straßenzug vereint Tante-Emma-Laden, Metzgerei, Apotheke, Friseur. *Mai–Sept. Mi–Mo 9–12.30, 13.30–18, Okt.–April Mi–Mo 9–12, 14–18 Uhr | Eintritt frei | 17, rue Ste-Anne*

PALAIS DES DUCS DE BOURGOGNE/ PLACE DE LA LIBÉRATION

Effektvoll werden in der Nacht die beiden Türme, die vom alten Herzogspalast aus dem 14. und 15. Jh. verblieben, beleuchtet. Einer der Türme, die 46 m hohe *Tour*

Philippe le Bon (Ostern–Mitte Nov. Di–So 10.30, 11.15, 12, 12.45, 14.30, 16, 16.45, 17.30, Juli/Aug. auch 20.30, 21.30, 22.30 Uhr, Mitte Nov.–Ostern Di 14, 15, 16, Sa/So 11, 12, 14, 15, 16 Uhr / 3 Euro), bietet Ihnen die schönste Aussicht über die Stadt. Nachdem der König Herrscher über Burgund wurde, ließ er den Palast im 17./18. Jh. von seinem Architekten Jules Hardouin-Mansart umgestalten. Heute beherbergt der westliche Flügel das Rathaus, der Ostflügel das *Musée des Beaux Arts* (s. S. 40). Hardouin-Mansart schuf auch die vorgelagerte *place de la Libération* (1686–1701), unter deren Arkaden die Prominenz aus dem Rathaus im Gourmettempel *Le Pré aux Clercs* speist. *Place de la Libération*

Nach Herzenslust in kleinen Läden shoppen: Das geht wunderbar in der rue de la Liberté

PLACE FRANÇOIS-RUDE

Dijon ehrt seinen Sohn, den Bildhauer François Rude (1784–1855), mit einem Marktplatz, der so belebt ist wie kein anderer in der Stadt. Vor den Bürgerhäusern rings um den Brunnen können Sie den Sonnenschein auf einer der Caféterrassen genießen und das Flair Dijons auf sich wirken lassen.

ESSEN & TRINKEN

BISTRO DZ'ENVIES

Auf der Karte des spacigen Bistrots stehen Foie gras mit Chutney oder Schokoladenkuchen mit einer Sauce aus eingelegten Paprika. Der Chef achtet beim Einkauf darauf, dass die Produkte möglichst bio sind. Dazu werden an die zehn Weine im Glas angeboten. *So geschl. / 12, rue Odebert / Tel. 03 80 50 09 26 /* €–€€

LE BISTROT DES HALLES

Ein Neobistrot mit Designtouch – mit coolen Fauteuils und Bar im *urban chic*. Viele Weine werden im Glas ausgeschenkt. *So/Mo geschl. | 10, rue Bannelier | Tel. 03 80 49 94 15* | €€

INSIDER TIPP **MAISON MILLIÈRE**
Mittagstisch im historischen Gemäuer: Das Haus von 1483 mit Garten war Drehort des Films „Cyrano de Bergerac". Einfache, preiswerte Speisen. *Di–So nur mittags, Fr/Sa auch abends | 10, rue la Chouette | Tel. 03 80 30 99 99* | €

Hier geht's scharf her, hier kommt der Senf aus dem Zapfhahn: Moutarderie Maille

SO
So Takahashi und seine Frau Rie erobern Dijon mit einer minimalistischen, an der heimatlichen Küche orientierten Genusswelt. Das Ergebnis ist eine leichte, ultrafrische französisch-japanische Crosskitchen. *So/Mo geschl. | 15, rue Amiral-Roussin | Tel. 03 80 30 03 85* | €–€€

EINKAUFEN

Von den Filialen des Feinkostgeschäfts *Mulot et Petitjean* sollten Sie wegen seiner Atmosphäre das schöne Fachwerkhaus an der *place Bossuet Nr. 13* vorziehen. Senf vom Zapfhahn gibt es im Traditionshaus *Maille (32, rue de la Liberté)*. *Vedrenne (1, rue Bossuet | www.vedrenne.fr)* ist in ganz Burgund für seine *crèmes de fruits* (Obstliköre) bekannt. Verkaufsschlager ist Crème de Cassis, der Likör aus schwarzer Johannisbeere. *Bourgogne Street (61, rue de la Liberté)* heißt ein moderner Laden mit den besten Feinkostprodukten der Region: Weine, Senf, Anispastillen, Schokolade, Konfitüren, Foie gras, Gewürzbrot.

FREIZEIT & SPORT

Absolut trendy: Stadtbesichtigung per *Segway*, dem rollenden Ein-Personen-Gefährt, das Sie bei der Touristeninfo für 19 Euro buchen können. Der *Dijon Skate Park (2, rue Général Delaborde | Tel. 03 80 74 31 23 | Buslinie Divia Lianes 4 und 2, Haltestelle Auditorium Congrès expo)* ist ein 1500 m² großes Hallengelände mit

Pisten und Schikanen. Inlineskates und Helme werden verliehen. Etliche autofreie Straßen und Radwege in der Stadt laden zum Radfahren ein, so etwa die *Coulée Verte* zum Lac Kir. Von Dijon führt ein Radweg nach Pont-de-Pany. Es geht 20 km immer am Canal de Bourgogne entlang. Am kleinen ● *Lac Kir* im westlichen Stadtteil Fontaine-d'Ouche locken Badestrand und Bootsverleih, Tennis und Volleyball.

AM ABEND

Zentrum des Nachtlebens sind für reifere Jahrgänge die Kneipen und Bars an der *place de la Libération.* Als Weinbar und Brasserie an Sommerabenden beliebt ist das INSIDER TIPP *B9 (So abends, Mo geschl. | place de la Libération | €–€€)* – die Terrasse macht's. Studenten zieht es in das Viertel zwischen rue Monge und rue Berbisey oder in die Gassen um die Markthalle, allen voran in die *rue Quentin.* Trendy ist *Le Quentin (tgl. 9–24 Uhr und länger | 6, rue Quentin),* Bistrot-Bar mit Terrasse und Konzerten. Der Name ist Programm: *Salsa Pelpa (So, Mo geschl. | 1, rue Marceau)* ist bis 23 Uhr ein Restaurant, dann eine Bar mit Tanzfläche – inkl. Salsakurs. Cocktails gibt es im *Le Cercle Rhumerie jamaïque (Di–Sa 15–4 Uhr | 14, place de la République),* dazu Latinogruppen live und Disko im Untergeschoss. Anspruchsvolles, innovatives Theater, Rock, Jazz und Kabarett bietet das *Théâtre Dijon Bourgogne (Parvis St-Jean/ rue Danton | www.tdb-cdn.com).*

ÜBERNACHTEN

HOSTELLERIE DU CHAPEAU ROUGE

Das elegante, kleine Hotel ist seit 400 Jahren eine Institution mit Wintergarten und farbenfrohen Zimmern. Zum Haus gehört das gleichnamige ● Sterne-Restaurant von William Frachot. *29 Zi. | 5, rue Michelet | Tel. 03 80 50 88 88 | www.chapeau-rouge.fr | €€€*

LE JACQUEMART

La France im Geschmack der Nachkriegszeit: Blümchentapeten, Bonbonfarben und Bettwurst. Der niedrige Preis und die zentrale Lage des Hauses aus dem 18. Jh. bestechen, Sie sollten sich aber nicht für eines der sehr spartanischen *chambres économiques* entscheiden. *31 Zi. | 32, rue Verrerie | Tel. 03 80 60 09 60 | www.hotel-lejacquemart.fr | €*

HÔTEL VICTOR HUGO

Das kleine Haus überzeugt mit stiller Lage und niedrigen Preisen. Die Zimmer

CHAMBRE D'HÔTE

Eine Alternative zum Hotelurlaub sind Privatunterkünfte *(chambre d'hôte)* – ob bei einem Bauern oder Winzer, bei einem Büroangestellten in der Stadt oder einem Schlossherrn auf dem Land. So kommen Sie schnell mit Einheimischen in Kontakt und erfahren manches über Land und Leute. Oft gibt es eine *table d'hôte*, an der Sie gemeinsam mit Besitzern und anderen Gästen speisen. Achtung: Einige *chambres d'hôte* akzeptieren keine Kreditkarten. Folgen Sie den Hinweisschildern an der Straße oder buchen Sie im nächsten Fremdenverkehrsamt. Infos und Katalog auch über *Gîtes de France (35, rue Godot de Mauroy | 75009 Paris | Tel. 01 49 70 75 75 | www.gites-de-france.com)*

sind schlicht, aber gepflegt. *23 Zi. | 23, rue des Fleurs | Tel. 03 80 43 63 45 | www.hotelvictorhugo-dijon.fr | €*

AUSKUNFT

OFFICE DE TOURISME

15, cour de la Gare | Tel. (*) 08 92 70 05 58 | www.visitdijon.com (Hauptsitz), doch noch schöner ist die Zweigstelle *(11, rue des Forges)* in einem historischen Palais.

ZIELE IN DER UMGEBUNG

ABBAYE DE FONTENAY ★

(122 A1) *(H3)*

Das 1118 von Bernard de Clairvaux gegründete Kloster 85 km nordwestlich von Dijon gehört zu den großartigsten Sehenswürdigkeiten Burgunds. Es überstand die Französische Revolution, da es nach der Säkularisierung als Papierfabrik genutzt wurde. Seit 1906 wird das Denkmal, inzwischen Welterbe, restauriert. Kernstücke sind der Kreuzgang und die 1149 geweihte Basilika. *8. Nov.–Mitte April tgl. 10–12, 14–17, sonst tgl. 10–18 Uhr | 10 Euro | www.abbayedefontenay.com*

ALISE-STE-REINE (122 A–B5) *(H4)*

Steile Straßen prägen den Ort (700 Ew.), der sich 62 km nordwestlich von Dijon über den Hang des *Mont Auxois* (407 m) erstreckt. Der Berg war 52 v. Chr. letzter Fluchtpunkt der Gallier vor den römischen Eroberern. Cäsar besiegte den heimischen Fürsten Vercingetorix, dem 1865 eine Monumentalstatue gewidmet wurde.

Größte Attraktion aber ist der neue *MuséoParc Alésia*. Dazu gehört das futuristische Interpretations- oder Besucherzentrum von Bernard Tschumi am Fuß des Mont Auxois, in dem mittels Hightech das Schlachtgeschehen in Szene gesetzt wird, und ein ausgewiesener Parcours. Ein neues archäologisches *Museum*, teils in Ökobauweise errichtet, erklärt die historische Bedeutung der Gegend. Schöner Blick von dessen grasbewachsener Dachterrasse! *Feb.–März, Okt./Nov. tgl. 10–17, April–Juni, Sept. 9–18, Juli/Aug. 9–19 Uhr | 12 Euro | www.alesia.com*

CHÂTEAU DE BUSSY-RABUTIN ★

(122 B5) *(H4)*

Zum frühbarocken Schloss etwa 60 km nordwestlich von Dijon gehört ein Park, den wahrscheinlich André Le Nôtre anlegte. Zur Innenausstattung zählt eine Galerie mit den schönsten Pariser Mätressen. *Mitte Mai–Mitte Sept. Di–So 9.15–12, 14–18, sonst nur bis 17 Uhr | 7,50, nur Park und Labyrinth 4 Euro | www.chateau-bussy-rabutin.fr*

CHÂTEAU DE COMMARIN

(122 B6) *(H5)*

Das prächtige Wasserschloss ist das Highlight des kleinen Dorfs (150 Ew.) 37 km westlich von Dijon. Im Winter ist nur der Park geöffnet, im Sommer auch das Schloss mit einer seltenen Sammlung von Wandteppichen und dem Treppenhaus mit den Büsten römischer Imperatoren. *April–Allerheiligen Mo–Sa 10–12, 14–18, So 10–18, Park tgl. 10–18 Uhr | 7,90, nur Park 2,50 Euro | www.commarin.com*

CHÂTEAUNEUF-EN-AUXOIS ★

(126 B1) *(H5)*

Mit dem Canal de Bourgogne zu ihren Füßen und der Kirche in der Hügelflanke vereint sich die kolossale Burg zu einem der meistgeknipsten Fotomotive Burgunds. Der Ort (43 km westl. von Dijon) zählt kaum 80 Einwohner. Das Château aus dem 15. Jh. lässt sich auf Wanderwegen mit schönen Ausblicken umrunden, zu besichtigen sind der spätgotische Wohnbau, in dem Wandteppiche mit Szenen aus dem Leben Moses' gezeigt werden, sowie die mit Wandmalereien

ausgeschmückte Kapelle. *Di–So 10–12, 14–19, Mitte Sept.–Mitte Mai nur bis 18 Uhr, an einigen Sommerabenden Führungen im Kerzenschein | 5 Euro*
Burgblick haben einige Zimmer in der *Hostellerie du Château.* Komfortabler sind die Zimmer in der Dependance *La Résidence (9 Zi. | rue du Centre | Tel. 03 80 49 22 00 | www.hostellerie-de-chateauneuf.com | €–€€),* einem 300 Jahre alten Dorfhaus. In der Küche des Gasthofs werden burgundische Klassiker wie Charolais-Filet mit Foie gras oder Schnecken zubereitet. Restaurant *(€–€€)* außer Juli Mo, Di geschl.

gilt – alles ausgestellt im *Musée du Pays Châtillonais (Juli/Aug. tgl. 10–17.30, sonst Mi–Mo 10–17.30 Uhr | 14, rue de la Libération | 7 Euro | www.musee-vix.fr).*

ÉPOISSES (121 F5) *(H4 G4)*

Als Hüterin der lokalen Käsetradition versteht sich die INSIDER TIPP *Fromagerie Berthaut* an der place du Champs-de-Foire des Orts (800 Ew., 82 km nordwestl. von Dijon), deren Rohmilch-Epoisses-Käse auf dem Pariser Concours Agricole mit einer *médaille d'or* geadelt wurde. Auf der Holzschachtel ist eine Bastion abgedruckt, Teil des *Châteaus (Juli–Aug.*

Nostalgie in Dosen gepackt: Anispastillen aus Flavigny

CHÂTILLON-SUR-SEINE (122 B3) *(H3)*

In der Kleinstadt (6900 Ew.) mit den vielen Brücken, 85 km nordwestlich von Dijon, ist der *Schatz von Vix* der Besuchermagnet. Es handelt sich um die Grabbeigaben einer keltischen Prinzessin, die im nahen Vix beerdigt wurde, darunter ein Golddiadem und die berühmte Vase von Vix, die als größte Bronzevase der Antike

Mi–Mo 10–12, 15–18 Uhr | 8 Euro), von dem u. a. der *grand salon,* der Musik- und Speisesaal zu besichtigen sind.

FLAVIGNY-SUR-OZERAIN
(122 B5) *(H4)*

In „Chocolat" verführte Juliette Binoche den Schauspielerkollegen Johnny Depp mit himmlischen Süßwaren. Der Film wurde in Flavigny-sur-Ozerain (370 Ew.) gedreht, das mit malerischen Gassen, Treppen und mittelalterlichen Stadttoren auf einem Fels über dem Flüsschen Ozerain thront. Den Schokoladenladen aus dem Film gibt es im 63 km nordwestlich von Dijon gelegenen Dorf nicht. Flavigny-sur-Ozerain verfügt dafür über ein anderes süßes Markenzeichen: *Anis de Flavigny*, Anisdragees. Das Rezept ist eine Erfindung des *Benediktinerklosters (Mo–Fr 9–11 Uhr, in den ersten drei Augustwochen geschl.)*, das im 8. Jh. gegründet wurde. In den rekonstruierten Klostergebäuden führt Sie Cathérine Troubat durch die Bonbonfabrik. Von der karolingischen *Basilika (Mo–Fr 9–12, 14–18, Sa, So 9–10.45 Uhr)* hat sich die Krypta mit den Gebeinen der Ste-Reine erhalten. Die Heilige, die auch im Namen des Nachbarorts Alise erscheint, starb als Märtyrerin, weil sie einen römischen Statthalter verschmähte.

In der INSIDER TIPP *Ferme-Auberge la Grange (März–Dez. So mittags, Juli–Sept. Di–So | place de l'Église | Tel. 03 80 96 20 62 | www.ferme-auberge-la-grange-flavigny21.fr | €)* können Sie sich durch die regionalen Spezialitäten probieren. Bauern der Umgebung bewirtschaften den Gasthof, in dem nur Produkte ihrer Höfe auf den Tisch kommen. Auf der Karte stehen Terrinen, Salat mit lauwarmem Ziegenkäse, Hühnchen in Sahne, Kaninchen in Senfsauce. Lange Wege, Massentierhaltung? Fehlanzeige!

LOW BUDG€T

Wohin mit dem Auto? Parkplätze außerhalb Beaunes Stadtmauer kosten keinen Cent, und zu Fuß brauchen Sie nur wenige Minuten in die Altstadt. Das schont die Urlaubskasse.

16 Euro kostet der Pass *Dijon Côte de Nuits,* der ein Jahr gültig ist. Dafür gibt es freien Eintritt in elf touristische Sehenswürdigkeiten in Dijon und im Weingebiet der Côte de Nuits.

Spottbillig übernachten Sie im Schlafsaal der Jugendherberge von Dijon. Im DZ wird es etwas teurer. *1, boulevardChampollion | Tel. 03 80 72 95 20 | www.auberge-cri-dijon.com*

POUILLY-EN-AUXOIS (122 B6) (*H5*)

Mit der INSIDER TIPP *Billebaude* unterqueren Sie den Ort *Pouilly* (1650 Ew., 44 km westl. von Dijon) auf dem *Canal de Bourgogne,* für den man im 19. Jh. einen 3333 m langen Tunnel grub (Infos unter www.cap-canal.fr).

SAULIEU ★ (121 F6) (*G5*)

Saulieu (3200 Ew., 67 km westl.) an der N6 ist ein Zentrum legendärer Chefköche. Einer von ihnen, Bernard Loiseau, machte nicht nur als Küchenpapst Furore: Nachdem ihn der *Gault Millau* abgewertet hatte, beging er 2003 Selbstmord. Sein *Relais Bernard Loiseau (Di/Mi geschl. | 2, rue Argentine | Tel. 03 80 90 53 53 | www.bernard-loiseau.com | €€€)* hat als Gourmettempel überlebt, dürfte aber bei dreistelligen Menüpreisen eher etwas für besondere Anlässe sein. Oder Sie gehen unter der Woche mittags zu Tisch – dann fällt der Menüpreis in den zweistelligen Bereich. Die Altstadt liegt auf der anderen Straßenseite rings um die Basilika *St-Andoche (Di–Sa 9–12, 13.30–16.30 Uhr)* aus dem 12. Jh. Ihre 50 Kapitelle zählen zu den romanischen Schätzen Burgunds. Im Pfarrhaus zeigt das *Musée François Pompon (März–Dez. Mo 10–12.30, Mi–Sa 10–12.30, 14–18 (Wintermonate bis 17.30), So 10.30–12, 14.30–17 Uhr | 4 Euro)* gallorömische Stelen, Werke des Bildhauers Pompon (1855–1933) und das Archiv von Alexandre Dumaine, Frankreichs großem Koch der Zwischenkriegsjahre.

In den Gassen ringsum hat so manches Geschäft den Charme alter Zeit bewahrt, so das 1832 gegründete *Café Parisien (Mai–Sept. tgl. 7–22, Okt.–April tgl. 7–20, Sa bis 22 Uhr, außer Juli/Aug. nur Mittagessen | 4, rue du Marché | Tel. 03 80 64 26 56 | www.cafeparisien.net | €)*. Seit der Fotograf Jean-Marc Tingaud das Café vor dem Niedergang rettete, regiert eine junge Equipe hinter der Theke. Nicht nur das nostalgische Dekor, auch die attraktive Speisekarte lohnen den Besuch. Sie können hier auch Billard spielen oder Trödel kaufen.

Zu Christi Himmelfahrt ist Saulieu Austragungsort der *Journées Gourmandes du Morvan:* Bauern, Köche, Winzer und Produzenten lokaler Spezialitäten bauen dann ihre Stände auf und laden zur Verkostung.

SEMUR-EN-AUXOIS ★

(122 A5) (*H4*)

Der Fluss Armançon legt eine Schleife um den befestigten Ort (5500 Ew.) und beschert Ihnen im Norden und Süden die Sicht auf je eine Schokoladenseite von Semur. In der malerisch gelegenen Kleinstadt, 71 km nordwestlich von Dijon, gehören die *Porte Sauvigny* und die ★ *Tour de l'Orle d'Or* zur mittelalterlichen Stadtbefestigung, die auch die gotische Kirche *Notre-Dame* umschließt. Ein Museum mit archäologischen Funden, Gemälden und gut bestückter Bibliothek befindet sich im ehemaligen *Couvent des Jacobines (April–Okt. Mi–Mo 14–18, sonst Mi–Sa 14–18 Uhr | 3 Euro)*.

Fast zu schön, um wahr zu sein: Semur-en-Auxois

Eine Weinbar mit vielen offenen Tropfen und preiswerten burgundischen Spezialitäten ist INSIDER TIPP *Le Saint Vernier (13, rue Févret | Tel. 03 80 97 32 96 | €)*. Die meist junge Klientel trägt zur ungezwungenen Atmosphäre bei. Das *Cymaises (7, rue Renaudot | Tel. 03 80 97 21 44 | www.hotelcymaises.com | €€)* ist ein in der Altstadt gelegenes Haus aus dem 17. Jh. mit 18 Zimmern, Garten und Parkplatz.

YONNE

Im Norden streicht der Wind ungehindert über die Felder, ist kaum Schatten zu finden im sanft gewellten Land. Je weiter Sie entlang der Yonne ins Zentrum Burgunds vorstoßen, desto mehr erschließt sich Ihnen die einstige Wildheit dieser Region.

Aus den nebelverhangenen Wäldern des Naturparks Morvan tief im Süden kam das Holz, das im Winter die Hauptstadt Paris wärmte. Flüsse und Kanäle, auf denen Flößer den Rohstoff transportierten, dienen heute dem Vergnügen von Hausbootkapitänen. An Land stehen Wanderungen und Radtouren auf dem Programm.

Die Weingebiete im Auxerrois und Tonnerrois sind fast Geheimtipps, die des Chablis weltbekannt. Auxerre, die Hauptstadt der Yonne, steht für ein Herz aus sanierten Fachwerkbauten. Avallon bedeutet Mittelalterromantik in dramatisch schöner Lage. In der nördlichen Yonne locken grandiose Renaissanceschlösser. Ein Besuchermagnet bleibt Vézelay: Die Pilgerkirche Ste-Madeleine zieht bis heute die Scharen an. Für den Anschluss an die Gegenwart sorgt die Nähe zu Paris, das dank Hochgeschwindigkeitszug und Autobahn bestens mit der Region verbunden ist.

AUXERRE

KARTE IM HINTEREN UMSCHLAG
(121 D4) (*M F3*) **Eine lange Häuserschnur samt Krone aus gotischen Kirchtürmen, das Ganze gespiegelt in der Yonne – mit diesem Bild empfängt**

Bild: Fachwerkhäuser in Auxerre

Schlösser des Himmels und der Erde: Von der romanischen Basilika in Vézelay spannt sich ein weiter Bogen zu den Palästen der Renaissance

Sie Auxerre (38 000 Ew.). Den schönsten Blick aufs Flusspanorama haben Sie von der Passerelle, einer filigranen Yonne-Brücke aus der Belle Époque. Hinter der Schokoladenseite der Stadt verbirgt sich ein Gewirr lebhafter Gassen, geprägt durch die vielen ★ *Fachwerkhäuser* von Auxerre. Die schönsten und meisten Beispiele finden Sie im Plätzedreieck *place des Cordeliers, place de l'Hôtel de Ville* und *place Charles Surugue.* Etliche Fachwerkbauten stammen aus dem Spätmittelalter und der Renaissance. In seltenen Fällen ist das Fachwerk durch Schiefer geschützt, so etwa an der *place Charles Surugue 1.* Markierungen im Straßenpflaster erleichtern den Rundgang von Fachwerkfassade zu Fachwerkfassade.

SEHENSWERTES

ABBAYE ST-GERMAIN/MUSÉE D'ART ET D'HISTOIRE D'AUXERRE

Die *Krypta von St-Germain* wurde bereits im 9. Jh. mit Fresken ausgestattet.

Wo die Stunde schlägt: Tour de l'Horloge

Die in Ocker, Weiß und Rot gehaltenen ★ *Wandmalereien der Karolingerzeit* gelten als die ältesten frühmittelalterlichen Fresken Frankreichs. Zu sehen sind Heilige und Bischöfe von Auxerre, dazu Szenen aus dem Leben des hl. Stephanus. Weniger bedeutend ist das gotische Gotteshaus, das später über der Unterkirche errichtet wurde. Zugang zur Krypta erhalten Sie über das *Musée d'Art* im angeschlossenen Benediktinerkloster *(Kirche und Kloster Mai–Sept. tgl. 10–12.30, 13.45–18.30, sonst 10–12, 14–17, Krypta nur mit Führung Mai–Sept. Mi–Mo 10, 11 und stdl. 13.45–17.45, sonst 10, 11, 14, 15, 16 Uhr | 6,70 Euro | 2, place St-Germain)*, das archäologische Funde zwischen Prähistorik und Mittelalter zeigt.

CATHÉDRALE ST-ÉTIENNE

Die bedeutendste gotische Kathedrale Burgunds entstand ab 1215. Die Glasfenster im Chor sind datiert (1234) und dem damaligen Bischof Henri de Villeneuve zugewiesen. In der Schatzkammer *(Di–Sa 9–13, 14–18, So 14–18 Uhr | 3 Euro | place St-Étienne)* befinden sich wertvolle Emailarbeiten der Schule von Limoges.

MUSÉE LEBLANC-DUVERNOY

Das Palais des 17./18. Jhs. ist mit Antiquitäten, Fayencen und Wandteppichen ausgestattet. *Mi–Mo 14–18 Uhr | 2,10 Euro | 9, rue d'Égleny*

TOUR DE L'HORLOGE

Bekanntestes weltliches Wahrzeichen von Auxerre ist das prachtvolle Stadttor mit schiefergedeckten Türmen und einer Uhr (1483), die auch den Stand von Sonne und Mond anzeigt.

ESSEN & TRINKEN

LE BOURGOGNE

Charmantes Restaurant mit netter Terrasse und innovativer Burgundküche. Statt Karte gibt es eine Schiefertafel, auf der die marktfrischen Gerichte notiert sind. *Do abends, So, Mo geschl. | 15, rue de Preuilly | Tel. 03 86 51 57 50 |* €€

LE RENDEZ-VOUS

Hier gibt es traditionelle Gerichte wie geschmorte Kalbsbacke oder *œufs en meurette,* dazu wechselnde Kunstausstellungen. *Sa/So geschl., außer bei Spielen des AJA | 37, rue du Pont | Tel. 03 86 51 46 36 | www.restaurant-lerendezvous.fr |* €–€€

FREIZEIT & SPORT

Das *Office de Tourisme* vermietet Elektroboote für 4–5 Personen, mit denen Sie ohne Führerschein auf dem *Canal du*

Nivernais tuckern können *(je nach Dauer 13–85 Euro)*. Wer lieber am Ufer bleibt: ein 62 km langer *Radweg* folgt der Yonne und dem Canal du Nivernais bis Clamecy.

AM ABEND

Für einen Drink mit Blick auf die Yonne beliebt ist die *place St-Nicolas* im ehemaligen Viertel der Flussschiffer. Etwas außerhalb, aber ebenfalls zur Yonne liegt *Espacio Piscina (Mitte März–Mitte Okt. tgl. außer So abends | 83, avenue Yver-Prolongée | www.espaciopiscina.fr)*: Auf der Terrasse zum Fluss brummt's, wenn bei gutem Wetter halb Auxerre vorbeischaut. Ein nettes Café für den Apéritif und Schauspielertreffpunkt ist die *Bar du Théâtre (Mo–Sa 7.30–21.30 Uhr | 46, rue Joubert)* neben dem Theater.

ÜBERNACHTEN

DOMAINE DE STE-ANNE

Von den vier komfortablen *chambres d'hôte* des stattlichen Herrenhauses schaut man auf den Park und die Hügel des Auxerrois. Ferienwohnung in einem separaten Anbau für bis zu 4 Personen. *Soleines-le-Haut | Allée de Ste-Anne | Venoy (8 km östl. von Auxerre) | Tel. 03 86 94 10 16 | www.domainesainteanne.com | keine Kreditkarten |* €€

HÔTEL LE MAXIME

Aus dem früheren Salzspeicher im Viertel der Flussschiffer ist ein schickes Hotel mit Blick auf die Yonne geworden. *26 Zi. | 2, quai de la Marine | Tel. 03 86 52 14 19 | www.lemaxime.com |* €€–€€€

AUSKUNFT

OFFICE DE TOURISME

1–2, quai de la République | Tel. 03 86 52 06 19 | www.ot-auxerre.fr

ZIELE IN DER UMGEBUNG

CHABLIS (121 E3–4) (F–G3)

Chablis steht für gehaltvollen Weißwein aus der Chardonnaytraube, der von 19 Gemeinden auf 500 ha angebaut wird. Die *Grands Crus*, die Spitzenprodukte, gedeihen um das Dorf *Fyé* und den Hauptort *Chablis* (2600 Ew., 16 km östl. von Auxerre). *Le Petit Pontigny* heißt der ehemalige Sommersitz der Äbte aus der Zisterzienserabtei Pontigny. Zum Bau gehört ein knapp 900 Jahre alter Gewölbekeller. Einen authentischen Einblick vermittelt Ihnen die Weinhandlung INSIDER TIPP *La Cave du Connaisseur (6, rue des Moulins)*, wo das Stöbern im mittelalterlichen Kellergewölbe ebensolchen Genuss bereitet wie die Weinprobe. Als zentrale und charmante Übernach-

MARCO POLO HIGHLIGHTS

★ **Fachwerkhäuser von Auxerre**
Malerische Altstadt im Ständerbau → S. 49

★ **Wandmalereien der Karolingerzeit**
Die wohl ältesten Fresken Frankreichs befinden sich in der Krypta der Abtei St-Germain in Auxerre → S. 50

★ **Château de St-Fargeau**
Bilderbuchschloss der Cousine von Ludwig XIV. mit Historienspiel und Dampflokomotiven → S. 53

★ **Basilique Ste-Madeleine**
Die kleine Bergstadt Vézelay bietet mit diesem Gotteshaus die Crème romanischer Baukunst → S. 59

tungsadresse passt dazu eine alte Mühle, unter der das Wasser des Serein gluckert: INSIDER TIPP *Le Vieux Moulin (7 Zi. | 18, rue des Moulins | Tel. 03 86 42 47 30 | www.larochehotel.fr | €€€)*. Das Haus gehört zum Weingut *Domaine Laroche* und war früher eine Kornmühle. In den luxuriösen Zimmern gefallen Designbäder und offen gelegtes Gebälk. Ein nettes Weinrestaurant mit Kellergewölbe ist *La Cuisine au Vin (So abends, Mo/Di geschl. | 16, rue Auxerroise | Tel. 03 86 18 98 52 | €–€€)*. Klassiker der Chablis-Küche wie ein *jambon à chablisienne* machen den Ruf des Lokals aus.

Das *Office de Tourisme* schlägt ab Chablis sieben Wanderungen von 8 bis 33 km vor, die kürzeste erschließt Ihnen das Gebiet der *Grands Crus*.

CHANTIER MÉDIÉVAL DE GUÉDELON (120 C5) (*E4*)

Ganz in der Nähe des Château de Ratilly wird in mittelalterlicher Bauweise eine Burg errichtet. Aktuell beeindrucken bereits ein 12 m hoher Turm, eine Wassermühle, Gewölbe und Wandmalereien. *Mitte März–Okt. tgl. 10–17.30, April–Juni bis 18, Juli/Aug. bis 19 Uhr | 14 Euro | 6 km südwestl. von St-Sauveur an der D 955 Richtung St-Amand | www.guedelon.fr*

CHÂTEAU ANCY-LE-FRANC (121 F4) (*G3*)

Die Dimensionen des Renaissance-Château von Ancy-le-Franc (50 km östl. von Auxerre) beeindrucken ebenso wie seine umfangreichen Malereien. Die Salons gehören zu den spektakulärsten Renaissance-Interieurs Frankreichs. Im prachtvollen *salon bleu* schlief der Sonnenkönig 1674. *Ende März– Mitte Nov. Di–So 10.30, 11.30, 14, 15, 16, im Sommer auch 17 Uhr | 9 Euro | www.chateau-ancy.com*

INSIDER TIPP CHÂTEAU DE MAULNES (121 F3) (*G3*)

Das fünfeckige Schloss, 60 km nordöstlich von Auxerre, wurde 1566–72 erbaut. Der Blick vom Hügel, auf dem der

DER LANGSAMSTE BAU BURGUNDS

Kein Stahlkran überragt die Baustelle. Maschinengebrüll? Fehlanzeige. Stattdessen schaffen Handwerker in Leinenkitteln am Mauerwerk. Einzige Konzession an die Moderne sind Bauhelm und Schuhe mit Schutzkappen. Ansonsten wird mit Flaschenzug, in lehmbödigen Hütten, mit Hanfseilen, mit dem vom Blasebalg in der Schmiede entfachten Kohlenfeuer und handgeschmiedeten Nägeln gearbeitet. Seit 1997 entsteht auf dem *Chantier médiéval de Guédelon* eine Burg, und zwar unter Einsatz von genau den Materialien und Techniken, die vor 800 Jahren üblich waren. Hinter dem ungewöhnlichen Unterfangen steht Michel Guyot, Herr über das Château von St-Fargeau, und begeisterter Mittelalterfan. Monsieur Guyot wurde anfangs belächelt. Fini! Archäologen und Architekturkritiker zollen dem Projekt längst Respekt, denn in Guédelon wurde u. a. erfolgreich mit der richtigen Rezeptur des mittelalterlichen Mörtels experimentiert. Es geht langsam, aber stetig voran. Im Sommer unterstützen Hunderte Freiwillige die 50 Festangestellten. Finanziert wird der Burgbau durch jährlich an die 300 000 zahlende Besucher. 2025 wird Richtfest gefeiert!

Renaissancebau thront, über die Wipfel des *Forêt de Gland* ist umwerfend. *Mitte April–Allerheiligen Sa/So 14.30–17.30 Uhr (im Sommer tgl.) | 4 Euro | www.maulnes.com*

CHÂTEAU DE RATILLY ●

(120 C5) (*🕮 E4*)

Das imposante Château, das eine Töpferwerkstatt birgt, hat seine Wurzeln im 13. Jh. und ist Vorbild für ein zweites Schloss, das derzeit 5 km nördlich am *Étang de Guédelon* errichtet wird. *Mitte Juni–Sept. tgl. 10–18, Ende März–Mitte Juni, Okt. Mo–Fr 10–12, 14–17, Sa/So 14.30–18 Uhr | 4 Euro | www.chateauderatilly.fr*

CHÂTEAU DE ST-FARGEAU ★ ●

(120 C4) (*🕮 E3*)

Ludwig XIV. hatte seine Cousine Anne-Marie-Louise d'Orléans wegen Verrats 1652 nach Burgund verbannt. Während ihres fünfjährigen Exils ließ sie das Château im Ort *St-Fargeau* (1800 Ew.) zum standesgemäßen Schloss inklusive feudaler Salons umgestalten. *Mitte März–Mitte Nov. tgl. 10–12, 14–18 Uhr | 10 Euro | www.chateau-de-st-fargeau.com*

Aus aller Welt stammen die Dampfloks, die im Park des Schlosses aufgestellt wurden und Kinder ebenso wie Erwachsene begeistern. Richtig voll wird es, wenn im Schloss 600 Dorfbewohner das 90-minütige *Spectacle Historique (Mitte Juli–Ende Aug. Fr/Sa 22 Uhr | 18 Euro)* aufführen.

CHÂTEAU DE TANLAY ●

(121 F3) (*🕮 G3*)

Begonnen um 1555 für François d'Andelot aus der protestantisch geprägten Familie Coligny, diente das Wasserschloss *(April–2. Nov. Mi–Mo Außenbesichtigung 10–12.30, 14.15–17 Uhr, Führung innen 10, 11.30, 14.15, 15.15, 16.15, 17.15 Uhr | 9 Euro | www.chateaudetanlay.fr)* 40 km östl. von Auxerre während der Religionskriege als Treffpunkt der Hugenotten. Der pompöse Umbau des Schlosses fand ab 1642 statt. Den Vorplatz auf der Dorfseite schmücken die klassizistische Kirche und eine hölzerne Markthalle. Das Renaissanceschloss ist von Wassergräben und herrlichen Gartenanlagen umgeben. In den Nebenbauten des Schlosses zeigt das *Centre d'art de l'Yonne (Juni–Sept. tgl. 11–18.30 Uhr | 3 Euro, mit Ticket der Schlossbesichtigung gratis)* in Wechselausstellungen moderne Kunst, seien es Klassiker wie Picasso oder Warhol, seien es junge, unbekannte Kreative aus der Region.

Fix geerntet: Die Lese des Chablis konzentriert sich auf zwei Wochen

DRUYES-LES-BELLES-FONTAINES (121 D5) *(🕮 F4)*
Die „schönen Quellen", die dem Dorf (300 Ew., 33 km südl. von Auxerre) zu seinem Namen verhalfen, gaben im 12. Jh. Anlass zum Bau einer Burg und der romanischen Kirche St-Romain. Das winzige Unterdorf scheint inklusive Waschhaus und Brunnen von allen modernen Bausünden verschont. Ähnliches gilt für die im Oberdorf auf einem Fels thronende *Burg (Ostern–Juni, Sept. Sa/So, Juli/Aug. tgl. 15–18 Uhr | 4 Euro | www.chateau-de-druyes.com)*.

IRANCY (121 E4) *(🕮 F3)*
Irancy (14 km südöstl. von Auxerre) ist mit seinen 350 Einwohnern nur eine kleine Gemeinde, doch der Name ist vor allem Weinkennern wohl bekannt. *AOC*, die kontrollierte Herkunftsbezeichnung, bürgt für Qualität und wurde 1999 an die Rotweine von Irancy vergeben. Mit ihrer Note von schwarzer Johannisbeere, Kirsche und Gewürzen zählen sie zu den burgundischen Spitzenerzeugnissen. Rubinrote Cuvées der AOC Bourgogne Irancy gibt es beim INSIDER TIPP *Jungwinzer Franck Givaudin (Sentier de la Bergère | Tel. 03 86 42 20 67)*.

JOIGNY (121 D3) *(🕮 F2)*
Joigny (11 000 Ew.) bietet 27 km nördlich von Auxerre eine anmutige Silhouette am Ufer der Yonne. Fachwerkhäuser umgeben die Renaissancebasilika *St-Jean*, ihr zu Füßen steht in der Unterstadt die spätgotische Kirche *St-Thibault*. Den schönsten Blick über Stadt und Fluss haben Sie vom Weinberg *Côte St-Jacques* im Norden. Der mit Pinot-Gris-Reben bepflanzte Weinberg ist das Wahrzeichen von Joigny.
Den Namen verbinden viele Genießer allerdings eher mit einem berühmten Hotel-Restaurant: *La Côte St-Jacques (32 Zi. | 14, faubourg de Paris | Tel. 03 86 62 09 70 | www.cotesaintjacques.com | €€€)* in herrlicher Lage am Flussufer.

INSIDER TIPP **NOYERS (121 E–F4)** *(🕮 G3)*
Man müsste nur den Geldautomaten überkleben, dann wäre der Ort am Serein-Ufer (850 Ew.) die perfekte Kulisse für einen Historienfilm: Kopfsteinpflaster, Fachwerk und eine stattliche Mauer mit 16 Rundtürmen, in deren Schutz mittwochs der Wochenmarkt abgehalten wird. 40 km südöstlich von Auxerre gelegen, bietet Noyers eine verträumte Dorfatmosphäre inmitten lauschiger Natur und obendrein die richtige Adresse zum Ausspannen: Das INSIDER TIPP *Guesthouse La Treille (3 Zi. | Le village | Tel. 03 86 75 04 52 | www.noyers-latreille.fr | €–€€)* ist ein anmutiger Bau aus dem 18. Jh. mit Blick auf den Serein und geräumigen *chambres d'hôte*, in denen geschmackvoll Design mit alten Mauern verbunden wird. Die Besitzer haben im Ort zudem einige ausgesprochen reizvolle Ferienhäuser und -wohnungen im Angebot.
Fürs leibliche Wohl sorgt Metzger Denis Paillot. In seiner *charcuterie* gibt es tolle Würste, allen voran *boudin noir*. Im dazugehörigen Restaurant *Les Millésimes (außer Juli/Aug. So abends, Mo geschl. | 14, place de l'Hôtel de Ville | Tel. 0386828216 | www.maison-paillot.com | €–€€)* hinter der Metzgerei kann man erstklassiges Entrecôte bestellen.

PONTIGNY (121 E3) *(🕮 F3)*
Die *Abtei Pontigny (Nov.–März Mi–So 9.30–16.30, April–Okt. Mi–So 10–18 Uhr | Eintritt frei | www.abbayedepontigny.com)* wurde 1114 als „Cîteaux' zweite Tochter" gegründet. Nach der Auflösung des Klosters im Zug der Französischen Revolution 1791 erfolgte der Abriss des Klosters, von dem die Kirche allerdings verschont blieb.

Mit der Vorhalle, auf die eine Kastanienallee zuführt, misst Europas größte erhaltene Zisterzienserkirche stolze 119 m Länge. Am Bau lässt sich der Übergang von der Romanik zur Gotik nachvollziehen: Romanisch ist das Langhaus, bereits gotisch der Chor. Innen kontrastiert das erhaben schlichte Bauwerk des 12. und 13. Jh. mit dem monumentalen Lettner und dem reich verzierten Chorgestühl aus dem 17./18. Jh.

Die Burgunder lieben ihre Colette – und haben ihr in St-Sauveur-en-Puisaye ein Museum gewidmet

ST-SAUVEUR-EN-PUISAYE

(120 C4) (*🕮 E3*)

Ohne Colette (1873–1953) hätten die 900 Einwohner von St-Sauveur (39 km südwestl. von Auxerre) ihre Ruhe. Doch das Dorf hat der hier geborenen Dichterin im Schloss das ● *Musée Colette (April–Okt. Mi–Mo. 10–18, Nov.–März 14–18 Uhr | 7 Euro)* gewidmet. Im Treppenhaus schauen einen die Augen der Schriftstellerin an: In einer Diafolge altert ihr Blick und wechselt von jugendlicher Neugier zu altersbedingter Weisheit. Fans der vor der ländlichen Enge nach Paris geflüchteten Skandalautorin besuchen neben dem Museum ihr *Geburtshaus* in der rue Colette. Blauweiße Schilder mit einem schwarzen C verweisen auf andere Orte ihrer Kindheit.

TONNERRE (121 E3) (*🕮 G3*)

Vom Ruin, den im 19. Jh. die Reblaus brachte, erholen sich die Winzer erst seit den 1970er-Jahren. Dabei hat sich die Kleinstadt am Armançon (6000 Ew., 33 km östl. von Auxerre) viel Fachwerk und zwei Sehenswürdigkeiten ersten Ranges bewahrt. Marguerite de Bourgogne stiftete 1293 das Armenspital *Hôtel-Dieu,* dessen Krankensaal einst

Der Waschplatz von Tonnerre, die Fosse Dionne, war den Kelten heilig

der größte Frankreichs war. Auf einem Hügel erhebt sich die gotische Kirche *St-Pierre,* bei der ein Schild zur *Fosse Dionne* weist. Das kreisrund eingefasste Quellbecken mit 28 m tiefem Schacht diente bis ins 20. Jh. als Waschplatz. Der helle Kalkstein verleiht dem Wasser seine flaschengrüne Farbe.

Ein Landgasthof mitten in der Stadt ist *Le Saint-Père (So abends, Mi, im Winter auch Di geschl. | 2, rue Georges Pompidou | Tel. 03 86 55 12 84 | €–€€).* Hofterrasse und Saal sind immer gut besucht. Wie man nicht übersehen kann, sammelt der Inhaber Kaffeemühlen – die älteste stammt von 1750.

Rund um Tonnerre sind INSIDER TIPP Mountainbikepisten (24–106 km) und Wanderwege (7–30 km) ausgeschildert. Infos erteilt das *Office de Tourisme (place Marguerite de Bourgogne | Tel. 03 86 55 14 48 | www.tonnerrois.fr),* wo Sie auch Räder leihen können.

AVALLON

(121 E5) (*G4*) **Um die betörende Lage auf einem Granitfels über dem romantischen Cousin-Tal kann man Avallon (7300 Ew.) nur beneiden.**

In die mittelalterliche Altstadt geht es durch das Stadttor La Petite Porte ganz im Süden der dramatisch auf einen Abgrund zulaufenden Gassen. Vor dem Absturz schützen die fast vollständig erhaltenen Stadtmauern – unter der die ruelle des Remparts zu einem Spaziergang mit Blick aufs Cousin-Tal einlädt.

SEHENSWERTES

ÉGLISE ST-LAZARE

Die stark beschädigte Fassade dieser Kirche aus dem 11./12. Jh. besitzt noch ein schönes romanisches Portal mit reichem Tympanon und Figurenprogramm.

MUSÉE DE L'AVALLONNAIS

Interessanter als die kleine Gemäldesammlung des Museums sind die archäologischen Exponate, darunter Funde aus den Grotten von *Arcy-sur-Cure*. *Juli–Sept. Mi–Mo 14–18, Okt.–Juni Sa/So 14–18 Uhr | 3 Euro | 5, rue de la Collège*

MUSÉE DU COSTUME

Das Musée du Costume im *Hôtel de Condé,* einem barocken Stadtpalais, stellt 5000 Kleider und Modeaccessoires vom 17.–20. Jh. aus. Die interessante Führung durch die zwölf Säle, die eine der beiden Besitzerschwestern oder deren ebenfalls textilsüchtige Mutter macht, dauert eine knappe Stunde. *Mitte April–Allerheiligen 10.30–12.30, 13.30–17.30 Uhr | 4 Euro | 6, rue Belgrand*

TOUR D'HORLOGE

Der Uhrenturm (1453) inmitten der Altstadt diente einst als Wachturm.

ESSEN & TRINKEN

INSIDER TIPP **LE GOURMILLON**

Durch sein edel-schlichtes Interieur fällt das Restaurant aus dem Rahmen. Auch die Küche ist entschieden modern, wenn auch auf der Basis traditioneller lokaler Gerichte, wie geschmorte Schweinebäckchen oder Jakobsmuscheln mit Ingwer und roten Beeren zeigen. *So abends geschl. | 8, rue de Lyon | Tel. 03 86 31 62 01 | www.legourmillon.com |* €–€€

FREIZEIT & SPORT

Klettern, Rafting, Quad oder Paintball – **INSIDER TIPP** *Loisirs en Morvan (Parc Aventure | route des Châtelaines | Tel. 03 86 31 90 10 | www.loisirsenmorvan.com)* arrangiert allerlei Abenteuersport rings um Avallon, teils mit Übernachtung. 40 Minuten dauert die *Altstadt-Kutschfahrt mit Monsieur Fouchez (Juli/Aug. Mi 14 Uhr auf Reservierung | 6 Euro pro Pers. | Tel. 03 86 34 43 61, mobil 06 84 91 03 15 | max. 9 Pers.)* – Zeit genug, um alles Wichtige von dem Pferdefreund und Hobbyhistoriker erklärt zu bekommen. Oder warum nicht gleich eine halbtägige Tour mit *Monsieur Fouchez* ins Umland von Avallon buchen?

AM ABEND

The place to party heißt *L'Antirouille (Di–So 18–2, Sa auch 10–14 Uhr | 6, rue du Marché | Tel. 03 86 34 42 89 | €):* Die umtriebige Bar zieht Alt und Jung, Fußballspieler und Lehrer, Studenten und Alternative an. Am Wochenende locken Konzerte und Themenabende.

LOW BUDG€T

Den *Auxerre Pass* gibt es gegen einen symbolischen Betrag von 2 Euro im *Office de Tourisme,* er bietet sieben Vergünstigungen, z. B. den halben Eintrittspreis bei Museen.

Das *Office de Tourisme* von Avallon vertreibt einen Stadtplan mit 17 kommentierten Punkten, der 50 Cent kostet. Die Broschüre gibt es auch auf Englisch. Mit diesem Plan in der Hand können Sie die Stadt auch ohne Führung mühelos erkunden.

Die *Auberge de Jeunesse (Route de l'Étang | Tel. 03 86 33 24 18)* in Vézelay hält mit rund 16 Euro pro Übernachtung im Mehrbettzimmer das wohl billigste Nachtlager Burgunds bereit.

ÜBERNACHTEN

CAMPING SOUS ROCHE

Der städtische Campingplatz liegt lauschig im Tal des Cousin und ist gut ausgestattet. So kann man etwa Moutainbikes leihen. *April–Okt. | Cousin-la-Roche, 4 km südl. | keine Kreditkarten | Tel. 03 86 34 10 39 | www.campingsousroche.com | €*

INSIDER TIPP HOSTELLERIE DE LA POSTE

Schon der Innenhof entführt Sie in die Ära der Postkutschen. 1815 mietete sich Napoleon in der Hostellerie ein, die damals bereits 100 Jahre alt war. Im noblen Restaurant *(So/Mo geschl. | €–€€)* gibt es Hummersalat mit Foie gras. *30 Zi. | 13, place Vauban | Tel. 03 86 34 16 16 | www.hostelleriedelaposte.com | €€€*

AUSKUNFT

OFFICE DE TOURISME

6, rue Bocquillot | Tel. 03 86 34 14 19 | www.avallon-morvan.com

ZIELE IN DER UMGEBUNG

ARCY-SUR-CURE (121 E4–5) (*F4*)

Durch den Bauch einer dramatischen Felslandschaft am Fluss Cure winden sich die Tropfsteinhöhlen von Arcy. Auf dem 900 m langen Parcours (19 km nordwestl. von Avallon) können Sie außer Stalagmiten und Stalaktiten 200 000 Jahre alte Höhlenmalereien, die zweitältesten der Welt, bewundern. Zu sehen sind Mammuts, Vögel, Fische. *Ostern–Mitte Nov. tgl . 10–12, 14–18 Uhr | Tel. 03 86 81 90 63, 03 86 52 18 14 | 8 Euro, 15 Euro für eine begleitete archäologische Führung | www.grottes-arcy.net*

QUARRÉ-LES-TOMBES (121 E–F6) (*G4*)

Über 100 *tombes* – Sarkophage – sind säuberlich rings um die Kirche des 700-Seelen-Dorfs Quarré sortiert, das 19 km südlich von Avallon liegt. Die Sarkophage verblieben als Rest einer viel umfangreicheren Kollektion, die Steinmetze des 7.–10. Jhs. auf Vorrat anfertigten. Gourmets finden mehr Geschmack an den beiden Genießeradressen, von denen die *Auberge de l'Atre (Di/Mi geschl. | Les Lavaults | Tel. 03 86 32 20 79 | www.auberge-de-latre.com | €–€€€; Hotel €€)* 6 km südlich mitten im Wald liegt und für eine anspruchsvolle Küche mit Waldpilzen oder Wildtäubchen bekannt ist. Ein Dorfhotel mit frischer Note ist *Le Relais du Morvan (Restaurant in der Nebensaison Mo geschl. | 45, place du Champ de Foire | Tel. 03 86 33 25 33 | www.relaisdumorvan.fr | €–€€; Hotel €)*. Die Zimmer sind komfortabel, die Küche innovativ mit Terroir-Basis.

INSIDER TIPP VALLÉE DU COUSIN (121 E–F5) (*G4*)

Am südlichen Rand von Avallon scheint die Welt wie abgebrochen: Der Fluss Cousin hat sich dort ein idyllisches, im Sommer erfrischend kühles Tal in den Granit gefressen. Die alten Wassermühlen dienen längst Freizeitzwecken und ergeben komfortable Herbergen wie beispielsweise – 6 km vor Avallon – der *Moulin des Ruats (Restaurant nur abends, So auch mittags, Mo geschl. | 25 Zi. | 9, rue des Isles Labaumes | Pontaubert | Tel. 03 86 34 97 00 | www.moulindesruats.com | €€–€€€)*.

VÉZELAY (121 E5) (*F4*)

Vézelay war ein Massenreiseziel des Mittelalters. Vom 10. bis ins 13. Jh. pilgerte vom Kaiser bis zum Bettelmönch ganz Europa auf die *Colline Sacrée,* den heiligen Hügel von Vézelay, darunter Richard Löwenherz und Franz von Assisi. Der Grund: In der Abteikirche wurden die Gebeine der hl. Magdalena verwahrt. Ziel heuti-

Wallfahrtskirche und architektonisches Highlight: Basilique Ste-Madeleine in Vézelay

ger Reisender ist die ★ ● *Basilique Ste-Madeleine (Eintritt frei)* geblieben, die im 12. Jh. einen gotischen Chor erhielt und ab 1840 von Viollet-le-Duc restauriert wurde. Höhepunkte des Kirchenschmucks sind das zentrale Innenportal und die grandiosen Kapitelle. Eine Einführung gibt's in der *Maison du Visiteur (Juli/Aug. Mo–Sa 10.30, 11, 14.30, 15, 16.30, 17 sonst Mo/Di und Do–Sa 10.30, 11, 14.30, 15, Uhr | 8 Euro | place Adolphe Guillon | www.vezelay-visiteur.com)*, die audiovisuell über Vézelay berichtet.

Die spirituelle Bedeutung hat Vézelay berühmte Besucher beschert, darunter den Schriftsteller Romain Rolland. Sein Wohnhaus beherbergt inzwischen als *Musée Zervos (Mitte März–Mitte Nov. Mi–Mo, im Sommer tgl. 10–18 Uhr | 5 Euro | rue St-Étienne | www.musee-zervos.com)* eine Sammlung moderner Kunst, darunter Werke Picassos, Kandinskys, Giacomettis. Auch den Chansonnier Serge Gainsbourg zog es nach Vézelay. Er logierte und speiste in Marc Meneaus *L'Espérance (Tel. 03 86 33 39 10 | www.marc-meneau-esperance.com | €€€)*, dem ebenso berühmten wie teuren Hotel-Restaurant im Vorort *St-Père-sous-Vézelay*. Deutlich günstiger wird es im dazugehörigen INSIDER TIPP *Bistrot de Gainsbourg (€–€€)*.

Als Höhepunkt des Jahres gilt die Wallfahrt nach Vézelay am 22. Juli. Hotels dafür sind lange im Voraus zu buchen. Statt der Häuser beim Parkplatz zu Füßen des Hügels sollten Sie die ruhiger gelegene INSIDER TIPP *Maison des Glycines (12 Zi. | rue St-Pierre | Tel. 03 86 32 35 30 | www.glycines-vezelay.com | €€)* direkt bei der Kirche wählen. Das barocke Bürgerpalais mit zauberhafter Glyzinienterrasse versprüht den Lottercharme des Ancien Régime.

NIÈVRE

In touristischer Hinsicht ist der äußerste Westen Burgunds ein unbekanntes, weil wenig bereistes Land. Auch landschaftlich räumt die Nièvre mit den burgundischen Klischees von wogenden Weinbergen und romanischen Dorfkirchen auf. Prägend sind die Loire und der Morvan, das Mittelgebirge mit der geringsten Einwohnerdichte Burgunds.

Die Loire bildet über Strecken die Westgrenze von Burgund. In Nevers erinnern Herzogspalast und helle Kalksteinfassaden an Schwesternstädte am Strom. Viele Städtchen am Loire-Ufer verströmen den Charme der *France profonde,* jenes von De Gaulle gelobte „tiefe", das heißt zutiefst ländliche Frankreich. Im Morvan gehen die Uhren einen Tick langsamer als im Rest von Burgund. Der dunkle Granit, dichte Mischwälder, Heide, Farn und Ginster verleihen dem Morvan den Beinamen *La Montagne Noire,* das schwarze Gebirge. Der *Parc naturel régional du Morvan* schützt die dünn besiedelte, an Flora und Fauna reiche Region. Rotwild, Mufflons, Fasane, Rebhühner, Auerhahn, Dachs, Fuchs, Wildkatze, Bussard und Habicht bevölkern die menschenleere Weite. Im mittleren Morvan lockt ein halbes Dutzend Seen zum Baden, Surfen, Paddeln; Wanderwege durchziehen das Mittelgebirge in alle Himmelsrichtungen.

NEVERS

(124 C2) (*🗺 E6*) **Wegen seiner Rock- und Jazzfestivals ist Nevers weit über**

Bild: Hausboot auf dem Canal du Nivernais

Burgund von seiner stillen Seite: ein grünes Land als Paradies für naturbegeisterte Wanderer und Hausbootkapitäne

Burgund hinaus in der französischen Musikszene ein Begriff. Die Stadt mit dem unwiderstehlichen Charme einer Provinzmetropole gilt als weltoffen. Vielleicht liegt es an der Loire, deren breites Tal ein alter Fernhandelsweg ist. Unterhalb des Hügels, auf dem Nevers thront, wälzt sich der Strom entlang. Ein Panorama, das gelassen macht. Dank seiner Lage an der oberen Loire war Nevers (38 000 Ew.) einst Umschlagplatz für Handel und Industrie, besaß aber mit seinen Fayencemanufakturen ein weiteres Standbein. Von der Blüte des Handwerks im 17. und 18. Jh. blieben vier noch nach alter Tradition arbeitende Fabriken. Schön für einen ersten Eindruck: ein Gang vom Stadttor *Porte du Croux* längs der Stadtmauern an den *Quai des Mariniers.*

SEHENWERTES

CATHÉDRALE ST-CYR-ET-STE-JULITTE

Mit ihrem Doppelchor scheint die Kathedrale zwei „Rückseiten" zu besitzen. Über einem Baptisterium aus dem 6. Jh. als

Fundament türmen sich Neu- und Umbauten bis ins 16. Jh. Sehenswert bleibt das Fresko im Westchor aus dem 12. Jh. *Rue du Cloître St-Cyr*

Ganz entspannt genießt man die Stadtsilhuette von Nevers vom Ufer der Loire aus

COUVENT ST-GILDARD

Hinter dem friedlichen Ausdruck einer Wachsmaske lauert das Gesicht des Todes: Ein gläserner Schrein in der Kapelle des Klosters birgt die mumifizierten Gebeine von Bernadette Soubirous (1844–79). Dem Hirtenmädchen soll in Lourdes die Jungfrau Maria erschienen sein, 1866 zog sie sich vor den Pilgerströmen nach Burgund zurück, wo sie die letzten 13 Jahre ihres Lebens verbrachte. *April–Okt. 8–12.30, 13.30–19.30, Nov.–März 7.30–12, 14–18 Uhr | 2 Euro | 34, rue St-Gildard | www.sainte-bernadette-nevers.com*

ÉGLISE ST-ÉTIENNE

Nevers' bedeutendstes Gotteshaus entstand ab 1063 in der Tradition Clunys. Zwar besitzt die romanische, 1097 geweihte Kirche kaum Skulpturenschmuck, doch blieb sie mit Ausnahme der Türme über die Jahrhunderte fast unverändert erhalten. *Rue St-Étienne*

FAYENCERIE D'ART DE NEVERS ★

Von Genua aus gelangte die Technik der Fayence 1556 nach Lyon, 20 Jahre später auch nach Nevers. Die kobaltblaue Farbgebung blieb ein klares Stilmerkmal der Stadt, auch im 17. Jh., als das Geschäft boomte. Von den ursprünglich fünf bedeutenden Manufakturen hat keine überlebt. Neue Betriebe aber setzen die Tradition fort. An erster Stelle steht die Fayencerie d'Art de Nevers der Familie Bernard, die an gleich zwei Standorten in der Stadt vertreten ist. *Tgl. 10–12.30, 15–19 Uhr | 88bis, avenue Colbert (Boutique) und 1, rue Sabatier (Atelier und Boutique) | www.fayencerie-dart-de-nevers.com*

PALAIS DUCAL

Der einstige Sitz der Herzöge thront auf der *butte,* dem Stadthügel über der

Loire. Die Innenausstattung ist pure Belle Époque und entsprechend schwülstig, denn der Renaissancebau wurde im 19. Jh. stark verändert (baugeschichtliche Ausstellung im 1. Stock). Im Erdgeschoss führt eine zweite Ausstellung in die Geschichte von Nevers ein. Auf der Ostseite begrenzt das Theater aus dem frühen 19. Jh. den Vorplatz. Von der *place de la République* auf der Südseite des Palais haben Sie einen herrlichen Blick auf die Loire. *Juni–Sept. Mo–Sa 9.30–18.30, So 10–13, 14–18, sonst Mo–Sa 10–12.30, 14–18, So 10–13, 14–18 Uhr, Führungen April–Okt. So 15.30 Uhr | Eintritt frei | place Ducale | www.nevers.fr/le-palais-ducal*

ESSEN & TRINKEN

AU BISTRO GOURMAND

Heimeliges, modernes Bistrot mit flotter Karte – Jakobsmuscheln aus der Pfanne, Kirschsuppe (Mai/Juni). Momentan einer der begehrtesten Speisesäle der Stadt. *Mo abends, So geschl. | place de la Résistance | Tel. 03 86 61 45 09 | €–€€*

JEAN-MICHEL COURON

Exotische Früchte und indische Gewürze reichern die Kreationen des Konditorsohns Jean-Michel Couron an. Zutaten und hauseigene Schokolade sind in einer eigenen Boutique erhältlich. Einer der drei Speisesäle ist Teil eines ehemaligen Klosters. *So abends, Mo und Di geschl. | 21, rue St-Étienne | Tel. 03 86 61 19 28 | www.jm-couron.com | €€*

EINKAUFEN

Als 1901 der abessinische Kaiser zu Besuch kam, hatte der *Chocolatier Grelier* ein Präsent für ihn parat: Weichkaramell in Schokolade, umgeben von einem Zuckermantel. Noch heute erhältlich bei *Au Négus (96, rue François-Mitterrand)*.

FREIZEIT & SPORT

INSIDER TIPP **Abendliche Kanutouren** auf der Loire mit Birdwatching, Picknick auf einer Sandbank und Rückkehr im Kleinbus organisiert *Eaux Melées Randonnées (Juni–Aug. Fr/Sa 17.30 Uhr | 6, quai des Mariniers | Tel. 03 86 57 69 76)*.

Der *Sentier du Ver-Vert* ist ein 7 km langer Rad- und Wanderweg längs der Loire. Start ist am *Square Henri-Virlogeux,* Ziel im Loire-Dorf *Marzy* (romanische Kirche!). Unterwegs kommen Sie am Naturschutzgebiet *Bec d'Allier* vorbei, der Allier-Mündung in die Loire; einen Faltplan erhalten Sie im *Office de Tourisme.*

AM ABEND

Kultige Adresse für Nachtschwärmer: das *Café Charbon (10, rue Melle Bourgeois | www.aucharbon.org)*. Mehrmals im Monat Konzerte von Jazz bis Elektropop.

MARCO POLO HIGHLIGHTS

★ **Fayencerie d'Art de Nevers**
Die Fayencewerkstatt der Familie Bernard → S. 62

★ **Canal du Nivernais**
Romantik im Hausboot ab Châtillon-en-Bazois → S. 64

★ **La Charité-sur-Loire**
Eine bewohnte Ruine als Weltkulturerbe → S. 64

★ **Musée d'Art et d'Histoire**
Die Geschichte der Flößerei dokumentiert ein Museum im pittoresken Clamecy → S. 66

★ **Pouilly-sur-Loire**
Bekanntes Zentrum des Weinanbaus an der Loire → S. 67

ÜBERNACHTEN

INSIDER TIPP CHÂTEAU DU FOUR DE VAUX

Chambre d'hôte in einem Schloss am nordwestlichen Stadtrand. Zum Entspannen laden Spa, Pool und Park ein. *5 Zi. | Varennes-Vauzelles | mobil 06 32 09 35 84 | www.chateaudufourdevaux.com* | €€€

DIANE

Ein stilvolles Haus aus dem 18. Jh. mit gutem Restaurant. Einige Zimmer mit offenem Balkenwerk. Komfort und Atmosphäre zu erschwinglichem Preis. *30 Zi. | 38, rue du Midi | Tel. 03 86 57 28 10 | www.bestwesterndiane-nevers.com* | €€

LA FOLIE

Bei der Familie Rosier wohnen Sie in ruhiger, grüner Lage am Ufer der Loire. Modern eingerichtetes Hotel mit Restaurant, Tennis und Pool. *37 Zi. | route des Saulaeies | Tel. 03 86 57 05 31 | www.hotel-lafolie.com* | €

LOW BUDG€T

Von Mai bis September einmal im Monat, im Juli und August sogar jeden Nachmittag heißt es bei den Winzern der AOC Pouilly-Fumé „Caves ouvertes": Es darf in den Kellern probiert werden! Liste im *Office de Tourisme* von Pouilly-sur-Loire.

Im Juli und Aug. zahlen Jugendliche bis 18 Jahre 30 Prozent weniger in den Bussen von *Cars Taneo (31, avenue Pierre Bérégovoy | Tel. 03 86 71 94 27)*, die von Nevers aus viele Orte der Nièvre ansteuern, etwa Château-Chinon.

AUSKUNFT

OFFICE DE TOURISME

Palais Ducal | rue Sabatier | Tel. 03 86 68 46 00 | www.nevers-tourisme.com

ZIELE IN DER UMGEBUNG

CANAL DU NIVERNAIS ★ ●

(121 D–E 4–6, 125 D–E 1–3) (*F–G 3–6*)

Der Kanal, der bei der Loire-Stadt Decize beginnt und in Auxerre in die Yonne mündet, ist mit Abstand Burgunds beliebteste Wasserstraße. Den nördlichen Abschnitt von Châtillon-en-Bazois bis Auxerre passieren an die 4000 Hausboote pro Jahr. Besonders im Hochsommer kann es an den Schleusen, die per Hand bedient werden müssen, zu Staus kommen. Nach knapp sechzigjähriger Bauzeit waren die Arbeiten 1843 abgeschlossen. Der Kanal konnte seine Funktion als Verbindungsstück zwischen Loire und Seine aufnehmen. Mit der Konkurrenz der Eisenbahn sank die Bedeutung für den Lastverkehr. In den 1970er-Jahren übernahmen Hobbykapitäne das Ruder. Eine Fortbewegungsalternative sind die Treidelpfade zu beiden Ufern, die zu Wander- und Radwegen umfunktioniert sind. So oder so, die Orte links und rechts des Kanals sind bestens auf Touristen eingestellt (s. S. 93).

LA CHARITÉ-SUR-LOIRE ★

(124 B–C1) (*E5*)

25 km nördlich von Nevers empfängt Sie ein herrlicher Panoramablick über die Loire auf das Städtchen *La Charité* (6000 Ew.). Die einstige Pilgerstation besaß eins der reichsten Klöster und mit *Ste-Croix-Notre-Dame* die zweitgrößte Kirche Frankreichs, 122 m lang und für 5000 Gläubige konzipiert. Nach einem Brand 1559 bauten die Menschen zwi-

schen dem erhaltenen Chor und dem Westturm ihre Häuser und schufen so ein einzigartiges Ensemble, das als Teil des Jakobspilgerwegs zum Unesco-Welterbe zählt. Freundlich ist der Saal in der *Auberge du Seyr (So u. Do abends, Mo geschl. | 4, Grande rue | Tel. 03 86 70 03 51 | €–€€)*, wo eine frische Regionalküche zu kleinem Preis auf den Tisch kommt. Farbenfroh sind die *chambres d'hôte* des Gehöfts *Le Bois Dieu (3 Zi. | April–Mitte Nov. | 6 km östl. von La Charité außerhalb des Dorfs Raveau | Tel. 03 86 69 60 02 | www.leboisdieu.com | €)*, die mit Parkett und Antiquitäten ausgestattet sind. Es gibt zudem ein separates Ferienhaus für 6 Pers. Der Clou aber ist die *table d'hôte*, an der man mit den anderen Gästen auf Vorbestellung speist.

CHÂTEAU-CHINON (125 E2) (*🕮 G5*)

Chinon (64 km östl. von Nevers) gilt bei nur 2300 Einwohnern als ein Nabelpunkt des Morvan. 1959–81 war François Mitterrand Bürgermeister des Fleckens. Als Staatspräsident stiftete er dem Ort einen Brunnen von Jean Tinguely und Niki de Saint Phalle, in dem sich grelle Farben mit Wasserspielen verbinden. Staatsgeschenke an ihn zeigt das *Musée du Septennat (Juli/Aug. tgl. 10–13, 14–19, Mai–Juni und Sept. Mi–Mo 10–13, 14–18, Feb.–April und Okt.–Dez. Mi–Mo 10–12, 14–18 Uhr | 4 Euro)*.

Wenn Sie von Château-Chinon zu Wanderungen aufbrechen möchten, gibt es nur eine Basisstation: das Hotel-Restaurant *Au Vieux Morvan (24 Zi. | 8, place Gudin | Tel. 03 86 85 05 01 | www.auvieuxmorvan.com | €)*, in dem Mitterrand stets das Zimmer Nr. 15 mietete.

CHÂTILLON-EN-BAZOIS (125 D–E2) (*🕮 F5*)

Die nahen Mäander lassen es kaum vermuten, aber der Ort (1000 Ew., 40 km östl. von Nevers) liegt tatsächlich nicht an einem Fluss, sondern am Kanal. Dieser von Auxerre nach Decize führende *Canal du Nivernais* besitzt etwa 15 km weiter nördlich zwei Tunnel und 16 Schleusen und speist dort die *Étangs de Vaux et de Baye*. Die Seen bieten Wassersportmöglichkeiten von Segeln bis Kanu: *Actival (Base de Baye | Tel. 03 86 38 97 39 | www.activital.net)*.

Die Skulptur von Niki de Saint Phalle bringt Farbe nach Château-Chinon

CLAMECY (121 D5) (*🕮 F4*)

In Clamecy (4800 Ew., 69 km nordöstl. von Nevers) münden Beuvron und Sauzay in die Yonne, die dadurch schiffbar wird. Baumstämme aus dem Morvan konnten hier zu Flößen verbunden werden, um auf die Reise nach Paris zu gehen. Die pittoreske Altstadt und die gotische Kirche *St-Martin* zeugen von Wohlstand. Aus Clamecy stammt der Romancier Romain Rolland (1866–1944), nach dem das ★ *Musée d'Art et d'Histoire (Mai–Sept. tgl. außer Di und So vormittags 10–12, 14–18, Mitte März–April und Okt./Nov. Mo geschl. | 3 Euro)* benannt ist. In diesem Palais aus dem 17. Jh. befindet sich eine Gemäldesammlung, interessanter aber sind die Ausstellungen zu Rolland und zur Geschichte der Flößerei.

Lac des Settons: ein beliebtes Ausflugsziel mit großem Wassersportangebot

DECIZE (125 D3) (🕮 F6)

Mitten im Wasser steht auf einer Insel die Altstadt von Decize (6500 Ew., 34 km südöstl. von Nevers), die sich um die romanische Kirche *St-Aré* mit einer der wenigen merowingischen Krypten Frankreichs drängt. Vom Sporthafen können Sie Bootsfahrten auf der Loire, dem *Canal Lateral à la Loire (Crown Blue Line Tel. 03 86 25 46 64)* und dem *Canal du Nivernais* unternehmen. Preiswerter sind einstündige Ausflüge mit der *Gabare (Mai–Sept. Do, Sa 14.15, 15.30, 17 Uhr | 8 Euro | Reservierung übers Office de Tourisme | www.decize-confluence.fr)*, einem traditionellen Flusssegler, der von der *place du Champ de Foire* ablegt.

LAC DE PANNECIÈRE-CHAUMARD (125 E1–2) (🕮 G5)

Die Seen des Morvan wurden von Menschenhand geschaffen, um die Flüsse zu regulieren und den Flößern die Arbeit zu erleichtern. Inzwischen haben sich die Stauseen zu Anziehungspunkten für Angler und Wassersportler entwickelt. Obwohl der *Lac de Pannecière* mit 5,2 km² der größte dieser Seen ist, erreicht er nicht die höchsten Besucherzahlen. Schönster Aussichtspunkt ist die Staumauer im Norden, wo sich auch ein Segelzentrum befindet. Ihre Übernachtung sollten Sie in *Chaumard* am Ostufer buchen. Beste Adresse ist die blumengeschmückte INSIDER TIPP *Vieille Auberge* mit Restaurant *(außerhalb der Sai-*

son Mi geschl. | 9 Zi. | Tel. 03 86 78 03 22 | www.hotel-la-vieille-auberge.fr | €).

LAC DES SETTONS (125 F1) (*G5*)
Der beliebteste der sechs Stauseen im Morvan ist der 3,6 km² große Lac des Settons. Sportzentren auf der Halbinsel *Branlasses* und in *Montsauche-les-Settons (www.montsauche-les-settons.org)* halten Angebote von Surfen über Segeln und Kanufahren bis Wasserski bereit.
Im INSIDER TIPP *Les Grillons du Morvan (12 Zi. | Les Settons | 58230 Montsauche-les-Settons | Tel. 03 86 84 51 43 | www.lesgrillonsdumorvan.com | €)* logieren Sie in einem Hotel, das zugleich Spezialitätenboutique und Kunstgalerie ist. Witzige Zimmer (einige davon in einem Chalet im Park), unverfälschte Küche, das Ganze auf einem 3 ha großen Gelände am See.

PARC RÉGIONAL DU MORVAN
(121 E–F5–6, 125 E–F1–3) (*F–H4–6*)
Das Herz von Burgund ist aus schwarzem Granit. Nicht nur der dunkle Fels, auch dichte Mischwälder, Heide, Farn und Ginster verleihen dem Morvan den Beinamen *la montagne noire*. In dem seit 1970 geschützten Gebiet bevölkern Rotwild, Mufflons, Fasane, Rebhühner, Auerhahn, Dachs, Fuchs, Wildkatze, Bussard und Habicht die menschenleere Weite. Der höchste Punkt, der *Haut-Folin*, bringt es auf 902 m, doch im mittleren Morvan gleicht das Gebirge einer Seenplatte: Ein halbes Dutzend Seen laden zum Baden, Surfen, Kanupaddeln ein.
Im Château des 300-Seelen-Orts *St-Brisson* zeigt die *Parkverwaltung (April–Mitte Nov. Mo–Sa 9.30–12.30, 14–17, So 10–13, 15–17 Uhr, Mitte Nov.–März Sa/So geschl. | Eintritt frei | www.tourisme.parcdumorvan.org)* Ausstellungen zum Naturpark. Rund um das Anwesen laden Arboretum, Heilkräutergarten und botanischer Garten zum Spaziergang ein. Auf dem Gelände befindet sich zudem das *Musée de la Résistance,* wo Sie erfahren, dass der Morvan ein ideales Versteck für die Widerstandskämpfer im Zweiten Weltkrieg war. Im Untergeschoss lässt die *Maison des Hommes et des Paysages (beide Museen: April–Nov. Mi–Mo (außer Sa vormittags) 10–13, 14–17, Juli/Aug. tgl. bis 18 Uhr | 6 Euro | www.museeresistancemorvan.fr, www.patrimoinedumorvan.org)* die Geschichte der Morvanflößer, Ammen und Tagelöhner Revue passieren.

POUILLY-SUR-LOIRE ★
(120 B6) (*E5*)
Der *Pouilly-Fumé* ist ein Sauvignon blanc aus dem Nivernais. Den würzigen, grünlich schimmernden Wein können Sie in *Pouilly-sur-Loire* (1700 Ew., 35 km nordwestl. von Nevers), Zentrum des Anbaugebiets, bei mehreren Anbietern verkosten. Eine Brücke im Ort quert eine markante Stelle der Loire: 496 km sind es zur Quelle wie zur Mündung. Am *Quai Pabiot* lernen Sie im *Pavillon du Milieu-de-Loire (April–Okt. Sa/So 14–18, Juli/Aug. Do–So 14–18 Uhr | Eintritt frei | www.pavillon-pouilly.com)* den Fluss und sein Leben bei teils interaktiven Präsentationen kennen. Nicht weit von der Loire-Brücke bietet Ihnen die Terrasse des Gourmetrestaurants *Le Coq Hardi (tgl., Nov.–April So abends, Mo mittags und Di mittags geschl. | 42, avenue de la Tuilerie | Tel. 03 86 39 12 99 | www.lecoqhardi.fr | €–€€€)* Gelegenheit, am Flussufer regionale Spezialitäten wie gegrillten Zander oder Morcheln mit Spargelcreme zum Wein der Region zu genießen. Einen der besten AOC Pouilly-Fumé keltern *Jean Pabiot et Fils (rue principale | Tel. 03 86 39 10 25 | www.jean-pabiot.com)* im Weiler *Les Loges (5 km nördl.)*. Die Tropfen der Lage *Les Fines Caillottes* werden aus Trauben alter Rebstöcke gepresst.

SAÔNE-ET-LOIRE

Ein erster Hauch von Süden liegt über den Platanen und Kais längs der Saône. Der Fluss dient seit der Antike als Handelsweg in Richtung Mittelmeer. Entsprechend präsentieren sich die Innenstädte von Chalon-sur-Saône, Tournus und Mâcon, die dank ihrer Häfen zu wichtigen Handelszentren aufstiegen.

Der Süden Burgunds ist besonders reich an Zeugnissen der Antike. Römische Bauten prägen Autun, keltische Siedlungsreste überziehen den Mont Beuvray. Auf den Formenschatz der Antike beziehen sich die romanischen Kirchen des Brionnais, das Kloster Cluny, die Abtei von Tournus. Im frühen 19. Jh. schließlich entstand das norditalienisch anmutende Stadtbild von Mâcon, und in der toskanisch wirkenden Hügellandschaft um die Stadt wurden klassizistische Schlösser im Pastellgelb italienischer Herrenhäuser gebaut.

AUTUN

KARTE IM HINTEREN UMSCHLAG (126 A2) (H6) **Autun, das Tor zum südlichen Morvan, fügt sich harmonisch in die satten Weiden- und Waldhügel ein – um mit jeden Kilometer, den Sie sich der 2000 Jahre alten Stadt nähern, wieder in der bukolischen Landschaft zu versinken.**

Von der Kathedrale, die ihre Türme über die Häuser reckt, ist von den tieferen Gassen des Orts aus nichts mehr zu sehen. An ihrer Stelle soll früher ein Druidenheiligtum gestanden haben. Zu seinen

 Bild: Felsen von Solutré

Zwischen der Römerstadt Autun und der Weinmetropole Mâcon: Pilgerorte, romanische Kirchen und eine friedliche Landschaft

Füßen gründete Cäsars Erbe Augustus nach den letzten Gefechten des Gallischen Kriegs eine neue Siedlung. Dieses *Augustodunum* wurde die Metropole der Eroberer in Burgund. Von der Pracht künden die Reste zweier Tore, eines Tempels und eines Amphitheaters.

SEHENSWERTES

CATHÉDRALE ST-LAZARE

Das ★ *Tympanon* über dem Westportal zeigt ein in Stein gefasstes Weltgericht, das Meister Gislebertus, der vielleicht begabteste burgundische Steinmetz seiner Epoche, geschaffen hat. Als einer der wenigen namentlich bekannten Künstler seiner Zeit verewigte sich der Bildhauer über dem Türsturz mit einer Inschrift: „Gislebertus hoc fecit" (dies hat Gislebertus gemacht). Was Meister Gislebertus vor 900 Jahren schuf, ist eine Interpretation des Jüngsten Gerichts, bei dem die Seelenwaage entscheidet, wer zur Hölle fährt und wer ins Paradies aufsteigt. Gemäß der mittelalterlichen Bedeutungs-

Hohe Kunst: Ziel vieler Reisenden ist die Kathedrale von Autun, die die Stadt meterhoch überragt

perspektive ragt der 3 m hohe Christus riesengroß neben den Sündern auf.

Die Abstraktion der gestreckten Körper missfiel den Menschen im 18. Jh.: Sie legten eine dicke Gipsschicht über die Skulpturen und bewahrten sie damit unfreiwillig vor dem Bildersturm der Revolution.

Die Kathedrale (1120–45) wurde mehrfach umgebaut. So erhielt der Chor etwa Maßwerkfenster, die mehr Licht einfallen lassen. Die Gebeine des hl. Lazarus, die angeblich 1079 nach Autun gelangten und die Stadt zum Pilgerziel für Leprakranke machten, ruhen heute in einem Glasschrein am Hochaltar.

Die wichtigsten Werke in der Kathedrale bleiben aber die Figurenkapitelle. Als man die Vierung im 19. Jh. umbaute, wurden die dortigen Kapitelle durch Repliken ersetzt. Die Originale können Sie – ausnahmsweise auf Augenhöhe – rechts vom Hochaltar im Kapitelsaal betrachten. *Place St-Louis*

MUSÉE ROLIN

Gegenüber der Kathedrale ließ Kanzler Nicolas Rolin, Stifter des berühmten Hôtel-Dieu in Beaune, ein Palais errichten. Darin sehen Sie archäologische Funde aus der Region, eine Sammlung französischer und flämischer Gemälde sowie Fragmente vom Grabmal des Lazarus aus Autuns Kathedrale. Publikumsmagnet ist die *Versuchung Evas*, ein Rest des romanischen Nordostportals von St-Lazare. Meister Gislebertus schuf eine liegende Eva, die ursprünglich den Türsturz der Kathedrale zierte. Die Plastik mit dem verheißenden Lächeln und dem verführerisch hingestreckten Körper gilt als ein Schlüsselwerk der burgundischen Romanik. *Juli–Sept. 10–13, 14–18, Feb.–Nov. Mo, Mi–Sa 10–12, 14–17, Di, So 14–17 Uhr | 6 Euro | 5, rue des Bancs*

RÖMISCHE STADTTORE

Das römische *Augustodunum* war größer als das heutige Autun. Von vier Toren in der 6 km langen Stadtmauer haben sich die *Porte d'Arroux (rue du Faubourg)* und die *Porte St-André (rue de la Croix Blanche)* erhalten. Beide bestehen aus zwei Durchfahrten für Wagen, zwei Portalen für Fußgänger und flankierenden Türmen. Die *Porte St-André* diente im Mittelalter als Wachturm und Kapelle, dort finden sich Reste von Fresken.

TEMPLE DE JANUS

Am Nordrand der Stadt steht ein 24 m hohes Relikt der Römerzeit, bekannt als Janustempel. Zwar gibt es Hinweise auf eine Nutzung als Heiligtum, nicht aber darauf, welcher Gottheit der Turm aus dem 1. Jh. n. Chr. tatsächlich geweiht war.

THEÂTRE ROMAIN

Frei zugänglich wie alle antiken Baudenkmäler ist auch das mit 148 m Durchmesser größte römische Theater Galliens. Die Römer hatten Ränge für rund 15 000 Zuschauer in den Hang geschlagen. An Sommerwochenenden können Sie im Theater die Römerzeit bei einer Ton-/Lichtschau nacherleben. *Eingang avenue du 2e Dragon*

ESSEN & TRINKEN

LE CHAPITRE

Das sympathische kleine Restaurant am hübschesten Platz der Stadt überzeugt mit modern interpretierter Regionalküche. Abends erstrahlt der nüchtern elegante Saal im Kerzenlicht. *So abends, Mo, Di mittags geschl. | 11, place du Terreau | Tel. 03 85 52 04 01 | www.restaurantlechapitre.com |* €–€€

LE MONDE DE DON CABILLAUD

Burgunds Küche ist fleischlastig – nicht nur das Charolaisrind verpflichtet. Dass es auch anders geht, beweist das sympathische Restaurant in einer kopfsteingepflasterten Altstadtgasse. Der Fisch kommt täglich frisch aus der Bretagne. Das Gemüse ist bio. Was in der Küche daraus entsteht, lesen Sie auf der Schiefertafel. *So/Mo geschl. | 4, rue des Bancs | Tel. 07 60 94 21 10 |* €–€€

MARCO POLO HIGHLIGHTS

★ **Tympanon der Cathédrale St-Lazare**
Ein Weltgericht vom prominentesten burgundischen Bildhauer des Mittelalters → S. 69

★ **Musée de la Civilisation Celtique**
Alles über das Leben der Kelten am Mont Beuvray → S. 74

★ **Chapelle des Moines**
Seltene Fresken der Romanik in Berzé-la-Ville → S. 77

★ **Cluny**
Reste von einem mittelalterlichen Wunder des Abendlands → S. 78

★ **Solutré**
Prähistorische Jäger nutzten den grandiosen Felsen als Hinterhalt → S. 79

★ **Basilique du Sacré-Cœur**
Im Wallfahrtsort Paray-le-Monial steht eine Miniaturausgabe der Abteikirche von Cluny → S. 79

★ **St-Philibert**
Geniale Baukunst der Romanik in Tournus → S. 83

★ **Château de Cormatin**
Das Schloss, in dem Caruso schlief → S. 85

FREIZEIT & SPORT

Am Stadtrand lockt der künstliche See *Plan d'Eau du Vallon* mit Segeln, Tennis, Golf auf einer kommunalen 9-Loch-Anlage. Geführte Wanderungen durch das abenteuerlich schöne Coterin-Tal bei Anost, zum *Mont Athez* (564 m) und dem Panoramapunkt bei der Kapelle *Notre-Dame-de-l'Aillant* kann man über das Office de Tourisme buchen. Nirgends ist der Morvan unberührter und wilder!

AM ABEND

Le Lutrin (Sommer tgl., sonst Do–So abends | 1, place du Terreau), ein Café mit Terrasse zur Kathedrale und junger Klientel, ist die Adresse, um den Abend ausklingen zu lassen. Bei den INSIDER TIPP *Visites Spectacles Nocturnes* ziehen Schauspieler und Musiker von der Kathedrale aus durch die Gassen, um Sie mit theatralischen Mitteln in vergangene Zeiten zu entführen. *Juli/Aug. ab 22 Uhr | Tickets im Office de Tourisme | 6,50 Euro*

ÜBERNACHTEN

MAISON STE-BARBE

Das stattliche Anwesen aus dem 18. Jh. gegenüber der Kathedrale überrascht mit einem Garten und sehr großen Zimmern mit Parkett, alten Möbeln und moderner Kunst. *3 Zi. | 7, place Ste-Barbe | Tel. 03 85 86 24 77 | www.maisonsaintebarbe.com* | €

MOULIN RENAUDIOTS

Puristisch eingerichtetes Hideaway 5 km südöstl. von Autun. Wilder Wein wächst an der Fassade der zauberhaften alten Mühle, die mit entschieden modern gestylten *chambres d'hôte* überrascht. Nach Reservierung wird für Gäste auf ähnlich hohem Niveau gekocht. *5 Zi. | April–Nov. | Chemin*

BÜCHER & FILME

Chocolat – Süße Filmträume rund um ein verschlafenes Dorf, die Lasse Hallström mit Johnny Depp und Juliette Binoche teilweise in Flavigny-sur-Ozerain drehte (2001)

Burgund – Kulinarische Landschaften – Ein unerlässliches Buch nicht nur für Gourmets von Martina Meuth und Bernd Neuner-Duttenhofer (2001)

Cyrano de Bergerac – Der Mann mit der ausgeprägten Nase war zwar in Aquitanien beheimatet, aber Dijons Altstadt und die Abtei Fontenay lieferten die schönere Kulisse für den mit Gérard Depardieu verfilmten Klassiker (1990)

Die Hexe von Miranges – Burgund im 17. Jh.: Ein junger Richter wird nach Miranges geschickt, um dort die Hexenprozesse zu beobachten. Prompt verliebt er sich eine von der Inquisition belangte Apothekerin (2005)

Köstliche Jahre, eine Amerikanerin im Herzen Burgunds – M. F. K. Fisher hat zwischen den Kriegen brillant-witzig Burgunds Liebe zum Kochtopf beschrieben – 2008 neu aufgelegt

Ein Spiel und ein Zeitvertreib – James Salter erzählt von einem Amerikaner in Autun. Sein Held erlebt in der Kleinstadt seine sinnliche Erweckung (2002)

Ein Kurztrip in die Welt Tibets: 1000-Buddha-Tempel nahe Autun

du Vieux Moulin | Tel. 03 85 86 97 10 | www.moulinrenaudiots.com | €€€

AUSKUNFT

OFFICE DE TOURISME

2, avenue Charles-de-Gaulle | Tel. 03 85 86 80 38 | www.autun-tourisme.com

ZIELE IN DER UMGEBUNG

1000-BUDDHA-TEMPEL

(125 F3) (*G6*)

Handwerker aus Tibet und Bhutan haben mitten in Burgund das *Paldenshangpa La Boulaye,* das heute größte tibetischen Kloster in Europa, in traditioneller Handwerkskunst errichtet. Der knallbunte, von Pagodendächern gekrönte Bau gehört einer buddhistischen Gemeinde. Der „Tempel der tausend Buddhas" ist das Wahrzeichen des *Paldenshangpa La Boulaye*. Ob wirklich 1000 Buddhastatuen die Nischen des 26 m langen, 22 m breiten und 20 m hohen Temple des Mille Bouddhas bevölkern, ist fraglich. Die Zahl ist symbolisch gemeint: So viele Buddhas werden im Lauf unseres kosmischen Zeitalters erwartet. *Juli/Aug. tgl. 10–12, 14–18, Sept.–Juni tgl. 14.30–17.30, Mitte Juli–Mitte Aug. Führungen tgl. 14.30 Uhr | 5 Euro | Château de Plaige | La Boulaye | www.paldenshangpa-la-boulaye.com*

CHÂTEAU DE SULLY (126 A2) (*H5*)

Nachts verlassen die Mönche ihre Gräber und gehen auf die Jagd. Von solch seltsamem Treiben berichtete man einst in Sully, das 15 km nordöstlich von Autun liegt. Im 16. Jh. als Wasserschloss an der Stelle einer mittelalterlichen Burg errichtet, wird es Sie mit den vier Flügeln um einen Innenhof an Schloss *Ancy-le-Franc* (s. S. 52) erinnern. *April–Okt. Park tgl. 10–17, Schloss nur Führungen Juli/Aug. tgl. 10.30, 11.30, 13.30, 14.30, 15.30, 16.30 Uhr, sonst nur So | 8,80, nur Park 4,20 Euro | www.chateaudesully.com*

LE CREUSOT (126 A3) (*H6*)

Sie kamen aus Lothringen und wussten, was zu tun war: Die Brüder Schnei-

der machten Dampf in Le Creusot (26 000 Ew., 30 km südl. von Autun), nutzten die schon lange auf Sparflamme betriebenen Eisen- und Kohleminen der Region und stampften ab 1836 ein Stahlimperium aus dem Boden. In „Schneiderville" – dies der von Paris abgelehnte Ersatzname der Stadt – wurde Frankreichs erste Lokomotive gebaut.
Aber die große Zeit ist vorbei, die letzten Schneiders vermachten das Familienvermögen in den 1960er-Jahren der Stadt, die sich vor einigen Jahren mit dem *Espace François Mitterrand* ein hypermodernes Geschäfts- und Verwaltungszentrum leistete.
Die Gegend um Le Creusot ist reich an Industriedenkmälern, die teils noch der Wiederentdeckung harren. Um die Aufbereitung kümmert sich ein *Écomusée* mit mehreren Außenstellen. Sein museealer Hauptsitz liegt in Le Creusot, heißt *Château de la Verrerie* und ist eine Glasfabrik von 1787, die den Schneiders als Residenz diente. *Juli/Aug. Mo–Fr 10–12, 13–18, Sa/So 14.30–18.30, Sept.–Juni Mo–Fr 10–12, 14–18, Sa/So 14–18 Uhr | 6 Euro | www.ecomuseecreusot-montceau.fr*

MONT BEUVRAY (125 F3) (*G6*)
Viel Wasser, Wald und Erz – mit solchem Reichtum wurde der 821 m hohe Berg zu einem antiken Zentrum der Schmiedekunst (29 km südwestl. von Autun). Hoch auf dem Gipfel hatten die gallischen Häduer ab 150 v. Chr. ihr *Oppidum Bibracte* errichtet. Es war Schauplatz einer Versammlung, bei der gallische Volksvertreter Vercingetorix zu ihrem Führer gegen Cäsar wählten. Nach Roms Sieg wuchs Gras über die Siedlung.
Erst im späten 19. Jh. erfolgten Ausgrabungen, die ab 1985 fortgesetzt wurden. Ein 6,5 km langer Rundweg führt über das Grabungsfeld, das ein keltischer Ringwall umfasst. Jeden Sommer geht die Grabungskampagne weiter – man kann dem internationalen Archäologenteam quasi über die Schulter schauen. Ebenfalls im Sommer verbindet ein Shuttlebus gratis das Grabungsfeld mit dem ★ *Musée de la Civilisation Celtique (Mitte März–Mitte Nov. tgl. 10–18, Juli/Aug. bis 19 Uhr | 7,50 Euro | www.bibracte.fr).* Mit archäologischen Funden und modernen, teils interaktiven Ausstellungskonzepten ersteht die Ära der Kelten auf. Das Museumsrestaurant INSIDER TIPP *Le Chaudron de Bibracte (Juli/Aug. auf Bestellung mittags | Tel. 03 85 86 52 41 | €)* bietet ein Buffet mit gallischer Küche und *cervoise* (Bier) an und bereitet auch Picknickkörbe vor. Auch das angegliederte *Café touristique (Juli/Aug. | Tel. 03 85 86 52 40 | €)* packt Picknickkörbe mit Ziegenkäse, *pâté,* Brot, Obst und Mineralwasser.

INSIDER TIPP **SIGNAL D'UCHON**
(126 A3) (*H6*)
Der Gipfel ist mit 681 m der höchste Punkt des Umlands von Autun (22 km südl.). Beliebt für den Sonntagsausflug ist das *Signal d'Uchon* wegen der am sogenannten *Site du Carnaval* verstreuten Granitblöcke, die von Wind und Wetter zu seltsamen Figuren abgeschliffen wurden: „Rollender Stein" heißt ein Fels, „Teufelskralle" ein anderer, und man versteht anhand der Form auf einen Blick den Grund.

MÂCON

(126 B5–6) (*J8*) **In Mâcon haben die stattlichen Häuser entlang der Saône mit ihren Pastellanstrichen, den hohen Fenstern und bunten Holzläden alle Traditionen Burgunds aufgegeben, um schon auf die Provence einzustimmen.**
Von der Brücke *St-Laurent* (18 Jh.) haben Sie das hübsche Panorama im

Wo Vercingetorix einst zum Keltenführer gewählt wurde, ist heute gut wandern: Mont Beuvray

Überblick. Die Stadt (34 500 Ew.), in der schon Gallier Handel trieben, wurde leider so oft verwüstet, dass ihre große Vergangenheit nur wenige Denkmäler hinterlassen hat. Selbst von der alten Kathedrale *St-Vincent* steht nur noch ein Rest.

Bis an die Stadtgrenzen reichen die Weinberge des Mâconnais, in dem fruchtige Weißweine und sonnenverwöhnte Rotweine gekeltert werden. Entsprechend zahlreich prägen Händlerdomizile des frühen 19. Jhs. das Bild der Stadt.

SEHENSWERTES

HÔTEL-DIEU

Wahrzeichen des frühklassizistischen ehemaligen Krankenhauses ist die imposante Kuppel. Die vertäfelte Apotheke von 1775 besitzt eine umfangreiche Apothekergefäßsammlung. *Juni–Sept. Di–So 14–18 Uhr, in der Nebensaison Anmeldung unter Tel. 03 85 39 90 38 | Eintritt frei | rue du 11 Novembre 1918*

INSIDER TIPP LA MAISON DU BOIS

Relikt des frühen Mâcon ist dieses mit herrlichem Schnitzwerk verzierte Fachwerkhaus aus dem 15./16. Jh. Die gleichnamige *Brasserie (tgl. | Tel. 03 85 38 65 62 | €€)* im Erdgeschoss hat leider wenig Rücksicht auf Denkmalschutz genommen. *13, place aux Herbes*

MUSÉE LAMARTINE

Im übrigen Frankreich kaum mehr gelesen, erhalten die Bücher von Alphonse de Lamartine (1790–1869) in seinem Geburtsort weiterhin einen Ehrenplatz. Im *Hôtel Senecé* (18. Jh.) finden Sie im historisch adäquaten Rahmen eine Ausstellung zum Leben des Romantikers und Politikers. *Di–Sa 10–12, 14–18, So 14–18 Uhr | 3,40 Euro | 41, rue Sigorgne*

MUSÉE DES URSULINES

Bunt gewürfelt ist die städtische Sammlung im ehemaligen Ursulinenkloster (17. Jh.): Heimatkunde, Ethnologie, Malerei bis hin zur klassischen Moderne, Geschichte der Luftfahrt und Keramik. Am bedeutendsten aber sind die prähistorischen Funde von Solutré. *Di–Sa 10–12, 14–18, So 14–18 Uhr | 2,50 Euro | 5, rue des Ursulines*

VIEUX ST-VINCENT

Seit dem Sturm der Französischen Revolution von 1789 stehen von der sogenannten Alten Kathedrale lediglich noch die romanische Vorhalle und zwei achteckige Türme. Das *Lapidarium* in der Ruine zeigt antike Sarkophage und steinerne Überreste eines ehemaligen Cordeliers-Klosters. *Juni–Sept. Di–Sa 10–12, 14–18, So 14–18 Uhr | Eintritt frei | 240, rue de Strasbourg*

LOW BUDG€T

Der *Camping du Lac* am See von St-Point bietet für kleines Geld viel Platz (12 ha), viel Ruhe, viel Freizeitvergnügen inklusive Tretbootverleih. *www.campingsaintpoint.com*

Cluny Séjour heißt die in einem Barockgebäude der früheren Abtei betriebene Jugendherberge. 70 Betten, freundlicher Empfang, Radgarage. *22, rue Porte-de-Paris | Tel. 03 85 59 08 83 | www.cluny-sejour.blogspot.com*

Campen am Fuß des Schlosses für rund 10 Euro: *Le Hameau des Champs (Cormatin | www.le-hameau-des-champs.com).*

ESSEN & TRINKEN

INSIDER TIPP MAISON MÂCONNAISE DES VINS

Das Haus promotet die Produkte der regionalen Winzer und leistet sich eigens ein rustikales Restaurant, das Ihnen ausgezeichnete burgundische Spezialitäten serviert. *Tgl. | 484, quai de Lattre de Tassigny | Tel. 03 85 22 91 11 | www.maison-des-vins.com | €*

RESTAURANT PIERRE

Chefkoch Christian Gaulin hat für das alteingesessene Gourmetrestaurant den begehrten Stern zurückgeholt. Den gab es für Foie gras aus der Pfanne und ein Soufflé mit eingelegten Süßkirschen. *So abends, Di mittags, Mo geschl. | 56, rue St-Antoine | Tel. 03 85 38 38 76 | www.restaurant-pierre.com | €–€€€*

FREIZEIT & SPORT

Bei Umweltschützern umstritten, doch vielfach angeboten: Hubschrauberflüge über dem Felsen von Solutré und der Landschaft um Cluny, z. B. von *Héli Travaux (Aérodrome de Mâcon | Charnay | ab 32 Euro | Tel. 03 85 20 10 21 | www.helitravaux.com).*

ÜBERNACHTEN

INSIDER TIPP CHÂTEAU DES POCCARDS

Lichte, freundliche *chambres d'hôte* in einem klassizistischen Château, dessen pastellgelbe Wände an die Toskana erinnern. Zum Verweilen verführen der Pool und der englische Park. *5 Zi. | Mitte März–Mitte Nov. | 120, route des Poccards | Hurigny (5 km nördl. von Mâcon) |*

Berühmte Fresken in Berzé-la-Ville zeigen den fast 4 m großen Christus umgeben von Aposteln

Tel. 03 85 32 08 27 | www.chateaudespoccards.fr | €€–€€€

HOTEL D'EUROPE ET D'ANGLETERRE

Das charaktervolle Haus aus dem 18. Jh. am Saône-Ufer hat berühmte Gäste empfangen, leidet inzwischen aber unter dem Autoverkehr. Buchen Sie ein rückwärtiges Zimmer. *31 Zi. | 92–109, quai Jean-Jaurès | Tel. 03 85 38 27 94 | www.hotel-europeangleterre-macon.com* | €–€€

AUSKUNFT

OFFICE DE TOURISME

1, place St-Pierre | Tel. 03 85 21 07 07 | www.macon-tourism.com

ZIELE IN DER UMGEBUNG

BERZÉ-LE-CHÂTEL (126 B5) (*J7–8*)

Der Reichtum des Klosters Cluny weckte Begehrlichkeit. Deshalb standen Burgen wie diese an den Hauptwegen, hier 18 km nordwestlich von Mâcon. Von der Terrasse der turmreichen Festung aus dem 13.–15. Jh. genießen Sie eine wunderschöne Aussicht. *Führungen Juli/Aug. tgl. zur vollen Stunde 10–17, April–Sept. Di–So 14, 15, 16, 17 Uhr | 7 Euro | www.berze.fr*

BERZÉ-LA-VILLE (126 B5) (*J8*)

Das Bergdorf wäre nur eins von vielen im Mâconnais, wäre da nicht die ★ *Chapelle des Moines*. Die zu einem ehemaligen Priorat der Abtei von Cluny gehörende Kapelle, in die sich Abt Hugo, Bauherr von Cluny III, im Alter oft zurückzog, hütet ein kunsthistorisches Wunder. Die byzantinisch beeinflussten *Fresken* in der Kapelle stammen vermutlich vom Anfang des 12. Jhs. Im Zentrum steht eine Jesusfigur, ihr zur Seite drängen sich die Apostel. Weitere Heilige wurden als Vertreter der griechisch-orthodoxen Kirche identifiziert. *Kernöffnungszeiten März–Nov. 10.30–12, 14–17.30 Uhr | 3 Euro*

CLUNY ★ (126 B5) *(🗺 H7)*
Zwei Jahrhunderte dauerte es seit der Gründung um 910, bis aus einer unscheinbaren Kapelle die größte Kirche außerhalb Roms wurde: Cluny III war 187 m lang, hatte fünf Langhausschiffe zwei Querhäuser und einen Wald von Türmen. Von hier aus organisierten die Benediktiner das Klosterwesen entlang der Pilgerstraßen und gründeten Filialen in ganz Europa. Nur wenige Jahre brauchte ein Bauherr, um nach der Französischen Revolution die architektonische Pracht niederzureißen und Stein für Stein zu verkaufen.
Der heutige Ort *Cluny* (25 km nordwestl. von Mâcon, 4400 Ew.) ist größtenteils aus diesem Material errichtet. In seinem Zentrum erhebt sich noch der *Clocher de l'Eau Bénite,* eindrucksvoll genug, aber letztlich nur ein kümmerlicher Rest des einstigen Wunders. Teile des Klosters, darunter der barocke *Kreuzgang,* haben sich ebenfalls erhalten, nachdem die Abrisswut 1823 beendet wurde. Im alten *Kornspeicher* (13. Jh.) sind Kapitelle verwahrt, die nicht in die Hände der Sprengmeister fielen. Weitere Überbleibsel und einen immer noch stattlichen Teil der Bibliothek zeigt das *Musée d'Art et d'Archéologie* im früheren Palais des Abts Jean de Bourbon. Gesamtkomplex: *ganzjährige Kernöffnungszeiten tgl. 9.30–17.00, Juli/Aug. bis 19 Uhr | 9,50 Euro | www.cluny-abbaye.fr*
Die Residenz der späteren Abte Jacques und Geoffroy d'Amboise dient heute als Rathaus. Bei den Kirchen *Notre-Dame* und *St-Marcel* sollten Sie den romanischen ☀ Turm besteigen, um einen Blick auf Cluny zu werfen.
Zum Übernachten empfiehlt sich die elegante *Hostellerie Le Potin Gourmand (12 Zi. | 4, place du Champ-de-Foire | Tel. 03 85 59 02 06 | www.potingourmand.com | €€–€€€)* mit sehr gutem Restaurant, die in die ehemalige Keramikfabrik von Cluny eingezogen ist. Radler und Wanderer freuen sich an der INSIDER TIPP *Voie Verte*, einem 44 km langen Rad- und Wanderweg von Cluny über Taizé ins Winzerdorf Givry. Räder und Inlineskates verleiht *Ludi-Sports (place des Martyrs de la Déportation | Tel. 03 85 22 10 62 | www.ludisport.com)* und bietet zudem einen Abholshuttle.

Für alle Architekturfans ein Muss: Cluny

PIERRECLOS (126 B5) *(🗺 J8)*
Für den schreibenden Lokalmatador Alphonse de Lamartine war das *Château de Pierreclos* aus dem 12.–18. Jh. mit seinen Terrassengärten ein Paradies. Der heutige Besitzer ist Winzer. Was die Reben hervorbringen, können Sie im Weinkeller *(Juli/Aug. 10–18, April–Sept. Mi–Fr, So 14–18 Uhr | 7,50 Euro | www.chateaudepierreclos.com)* probieren.

ST-POINT (126 B5) (*🕮 H8*)
1802 schenkte Vater Lamartine seinem Sohn das Anwesen (*www.chateaulamartine.com*) am Nordrand von St-Point zur Hochzeit. Doch der Schriftsteller übernahm sich finanziell, als er das Gebäude in einen Traum der Romantik verwandeln wollte. Lamartine ist samt Familie in der Kapelle neben der romanischen Dorfkirche beigesetzt. Zur Entspannung lädt der INSIDER TIPP *Lac de St-Point* ein. Der Badeteich am Ortsrand dient von Mitte Juni–Mitte Okt. als Freibad mit Imbiss, Minigolf, Boule- und Campingplatz. *29 km nordwestl. von Mâcon*

SOLUTRÉ ★ (126 B5) (*🕮 J8*)
Für Geologen ist er eine Verwerfung, für andere einfach nur grandios: der 495 m hohe Felsen von Solutré (7 km westl. von Mâcon). Bei Ausgrabungen wurden gut 100 000 Knochen von Tieren entdeckt, die vorzeitliche Jäger hier erlegten. Nicht, wie man zunächst glaubte, indem sie die Herden auf die Abbruchkante zu und damit in den Tod trieben. Die Jäger erlegten die Beute vielmehr am Fuß des Felsens mit Speerschleudern. Einige Funde zeigt Ihnen das *Musée départemental de Préhistoire (April–Sept. tgl. 10–18, Okt./Nov. und Jan.–März tgl. 10–17 Uhr | 3,50 Euro)*. Zum Museum gehört ein 10 ha großer *Parc archéologique et botanique*, in dem Pflanzenraritäten bewahrt werden. Außerdem führt ein Wanderweg durch mannshohen Buchsbaum weiter zum Gipfel, von dem das Panorama grandios ist.

PARAY-LE-MONIAL

(125 F5) (*🕮 G7*) **Ungewöhnlich viel Besuch erhalten die kaum mehr als 9000 Einwohner von Paray-le-Monial: 100 000 Gäste im Jahr sind keine Seltenheit, die meisten kommen um Fronleichnam und gegen Mitte Oktober.** Dabei spielt die Basilika *Sacré-Cœur* trotz ihrer schönen Lage am Fluss Bourbince nur eine Nebenrolle. Es sind eher Pilger als Touristen, die in den tiefen Süden Burgunds reisen. Sie folgen den Spuren von Marguerite-Marie Alacoque (1647–90), die als Nonne im Ort lebte und dort Visionen hatte. So soll sie den Auftrag erhalten haben, das Herz-Jesu-Fest (acht Tage nach Fronleichnam) zu fördern. Erst 200 Jahre später wurde daraus eine gewaltige Pilgerbewegung.

SEHENSWERTES

BASILIQUE DU SACRÉ-CŒUR ★
Im Wasser der Bourbince spiegelt sich die Fassade der Basilika, die erst spät dem Herz Jesu gewidmet wurde. Ursprünglich war sie eine Abteikirche der Benediktiner, ab 1090 nach dem Vorbild Clunys errichtet. Da das Mutterkloster zerstört ist, können Sie hier zumindest so etwas wie eine Miniaturausgabe des alten Weltwunders betrachten. Figürlicher Schmuck kommt allerdings weit weniger zum Einsatz. Die Kirche besitzt nicht einmal über dem Portal ein Tympanon mit Skulpturen, weist aber ausgewogene und immer wieder auf die Zahl Drei bezogene Proportionen auf. *Place Alsace-Lorraine*

CHAPELLE DE LA VISITATION
In dieser Kapelle soll Jesus der 1920 heilig-gesprochenen Marguerite-Marie erschienen sein. In einem vergoldeten Schrein ruhen ihre Gebeine. *Rue de la Visitation*

MUSÉE EUCHARISTIQUE DU HIÉRON
Frankreichs ältestes Museum zur sakralen Kunst wurde im späten 19. Jh. eigens für diesen Zweck gebaut. Sein

Schwerpunkt ist das Bild Jesu im Wandel der Jahrhunderte. *Juli/Aug. tgl. 10.30–12.30, 14–18 Uhr, Mitte März–Dez. nur Mi–So | 4 Euro | 13, rue de la Paix | www.musee-hieron.fr*

MUSÉE PAUL CHARNOZ

Kacheln und Fayencen bilden ein wirtschaftliches Standbein der Stadt. *Charnoz*, 1877 in Paray gegründet, unterhält neben seiner Fabrik ein Museum zur Firmengeschichte. Die Kachelmosaiken, für die berühmte Pariser Weltausstellung von 1889/1900 gefertigt, dürften Sie begeistern. *Juli/Aug. tgl. 14.30–18.30 Uhr, sonst nur Gruppen | 2,50 Euro | 32, avenue de la Gare | www.museecarrelage-charnoz.org*

PARC DES CHAPELAINS

Das 18-teilige *Diorama* im Park gleich neben der Basilika setzt mit Ton und Licht das Leben der Marguerite-Marie in Szene. *Info am Parkeingang*

ESSEN & TRINKEN

L'APOSTROPHE

Das modern gestaltete, kleine Restaurant bringt frischen Wind in die traditionelle Restaurantszene. Der junge Chef hat in großen Häusern sein Handwerk gelernt. Seine Frau Cathérine kümmert sich liebevoll um den Service. *So, im Winter auch Mo geschl. | 69, avenue Charles-de-Gaulle | Tel. 03 85 25 45 07 | www.restaurantlapostrophe.fr | €*

ÜBERNACHTEN

GRAND HOTEL DE LA BASILIQUE

Familienhotel seit 1904: Das schöne alte Haus mit Restaurant liegt gleich neben der Basilika. Zentraler geht's nicht, preiswerter wohl auch kaum. *56 Zi. | 18, rue de la Visitation | Tel. 03 85 81 11 13 | www.hotelbasilique.com | €*

AUSKUNFT

OFFICE DE TOURISME

25, avenue Jean-Paul II | Tel. 03 85 81 10 92 | www.tourisme-paraylemonial.fr

ZIELE IN DER UMGEBUNG

ANZY-LE-DUC (125 F5) (*🗺 G8*)

Für das Jahr 1000 n. Chr. hatten mittelalterliche Schwarzmaler den Weltuntergang prophezeit. Nachdem Silvester selig überstanden war, errichteten die Menschen zum Dank viele neue Kirchen, so auch die von Anzy-le-Duc (20 km südl. von Paray-le-Monial). Die Kirche war richtungsweisend: Grund- und Aufriss beeinflussten Ste-Madeleine in Vézelay, der achteckige Turm fand bis Nordspanien Nachahmer. Nehmen Sie sich vor allem Zeit für den besonders frühen Figurenschmuck der Kapitelle. Wem das verbummelte Dorf gefällt, kann sich im INSIDER TIPP *Les Acacias (Ostern–Allerheiligen | Le Bourg | Tel. 03 85 25 17 21 | gite.acacia.free.fr | €)* einmieten: Die beiden *chambres d'hôte* befinden sich in einem Nebenbau der alten Dorfschule, den Sie auch als Ferienhaus komplett mieten können. Zum Angebot gehören Küche inklusive Waschmaschine und ein Garten.

BOURBON-LANCY (125 E4) (*🗺 F7*)

Feiner Loire-Sand und heißes Quellwasser vereinigen sich zu Schlammpackungen gegen Rheuma: Schon die Römer kurten in Bourbon-Lancy (5600 Ew., 41 km nordwestl. von Paray-le-Monial), doch erst die Belle Époque möbelte das Thermalbad so richtig auf. Im ● *Centre Thermal (place d'Aligre | Tel. 03 85 89 18 84 | www.thermes-bourbon-lancy.fr)* reicht die Palette von längeren Kuraufenthalten mit Thermalwasseranwendungen bis zu einmaligen Entspannungsbehandlungen mit heißen Steinen und Loire-Sand.

Kopfsteinpflaster und reich verzierte Fachwerkhäuser finden Sie dagegen in der mittelalterlichen Oberstadt rings um die *Tour de l'Horloge* (Schlüssel zum Uhrenturm im *Office de Tourisme*). Das *Stadtmuseum (Juli/Aug. Mi–Mo 15–18 Uhr)* mit archäologischer Sammlung hat Quartier in der romanischen Kirche *St-Nazaire* bezogen. Agrarmaschinen zeigt das *Musée de la Machine Agricole Puzenat (nur Gruppen nach Anmeldung im Office de Tourisme)*. Den Charme eines Guesthouse versprüht das Hotel *La Tourelle du Beffroi (8 Zi. | 17, place de la Mairie | Tel. 03 85 89 39 20 | www.hotellatourelle.fr | €–€€)*. Dazu kommt die malerische Lage im Schatten des Belfrieds. Im Hof rankt wilder Wein. Die Zimmer sind sehr unterschiedlich, teils mit Antiquitäten eingerichtet.

Autobrücken kennt man ja, aber bei Digoin fährt man per Boot auf einem Kanal über die Loire

CHAROLLES (125 F5) (*H7*)

Sie selbst heißen Charolais-Rinder, ihre Heimat aber schreibt sich mit Doppel-l nach dem Zentrum der Region (14 km östl. von Paray-le-Monial, s. auch S. 22). Eine schrumpfende Zahl von Viehzüchtern beansprucht dort immer mehr Weideland. So ist die Einwohnerzahl des idyllisch zwischen Loire-Zuflüssen gelegenen Charolles auf weniger als 3000 gesunken. *Schlossruine* und *Palais* (heute Rathaus) künden noch von einem Grafengeschlecht. Ihr Spross Charles le Téméraire lieh einem Aussichtsturm im Rathausgarten seinen Namen.

DIGOIN (125 E–F5) (*G7*)

Dass Wasser über Wasser fließen kann, erleben Sie 11 km westlich von Paray-le-Monial in Digoin (8900 Ew.). Mehrere Flüsse und Kanäle ergeben dort den reinsten gordischen Knoten, wobei der 234 m lange *Pont-Canal* das Wasser des Loire-Seitenkanals über die Loire führt. Nicht gerade malerisch ist der Hafen *Port de Plaisance,* doch bietet er Ihnen eine reiche Auswahl an Leihbooten.

MONT-ST-VINCENT (126 A4) (*H7*)
Am Berggipfel auf genau 603 m Höhe liegen Ihnen gleich drei Departements zu Füßen. Gegen solche Aussicht kann die romanische *Kirche von St-Vincent* (43 km nordöstl. von Paray-le-Monial) nur verblassen.

Lieblingsziel aller Feinschmecker: das Restaurant Greuze in Tournus

SEMUR-EN-BRIONNAIS (125 F6) (*G8*)
Das *Château St-Hugues (Juni–Aug. tgl. 10–12, 14–19, April/Mai, Sept. bis 18, März–Mitte Nov. bis 17 Uhr | 4 Euro)* wachte im Mittelalter über das Bilderbuchdorf Semur (720 Ew., 25 km südl. von Paray-le-Monial) und seine romanische Kirche ● *St-Hilaire.* St-Hugues war kein Geringerer als der berühmte Abt Hugo von Cluny, der 1024 im Schloss geboren wurde. Aus seiner Zeit stammt der 22 m hohe Wehrturm, der älteste in Burgund.

ST-CHRISTOPHE-EN-BRIONNAIS
(125 F6) (*G8*)
Der INSIDER TIPP *marché aux bestiaux* an jedem Mittwochnachmittag in St-Christophe ist Frankreichs fünftwichtigster Rindermarkt. Vor Beginn des Handels ab 13 Uhr drängeln sich Bauern aus ganz Burgund in den umliegenden Cafés. Manchmal stehen über 4000 Rinder zum Verkauf. Bis zum Abtransport des Viehs geht es hoch her. Buchen Sie eine Führung mit dem *Office de Tourisme (8.30–16 Uhr | 2 Euro | Tel. 03 85 25 98 05 | antennetouristique@orange.fr)*, um das Handeln um die Rinder besser zu verstehen.

TOURNUS

(126 C4) (*J7*) **Licht und Schatten bilden scharfe Kontraste in Tournus (6200 Ew.): hier das strahlende Ufer der Saône mit dem eindrucksvollen Blick auf die Altstadt und die Abteikirche St-Philibert, dort die lange, dunkle Hauptgasse mit ihren Geschäften, die dem Lauf des Flusses folgt.**

Trotz der attraktiven Lage des Orts, der kunsthistorischen Bedeutung seiner Abtei und der landschaftlichen Verlockungen ringsum bleibt Tournus ein touristisches Mauerblümchen. Schade! Denn die romanischen Kirchen zählen zu den bedeutendsten Burgunds. Und kaum ein Ort blieb über die Jahrhunderte so unversehrt. Ein Schutzring aus Wehrtürmen, Mauern und Pforten umgibt die *Abteikirche St-Philibert* aus dem 11. Jh.

SEHENSWERTES

HÔTEL-DIEU/MUSÉE GREUZE
Häuser in südlich anmutenden Pastellfarben umgeben das Hôtel-Dieu aus dem 18. Jh. Da es bis 1982 als Apotheke und

Krankensaal diente, vermittelt es Ihnen ein authentisches Bild vom einstigen Gesundheitswesen. Im Haus werden zudem Originale und Kopien des in Tournus geborenen Malers Jean-Baptiste Greuze (1725–1805) gezeigt. *April–Okt. Mi–Mo 10–13, 14–18 Uhr | 5 Euro | 21, rue de l'Hôpital*

ST-PHILIBERT ★

Der Turm von St-Philibert prägt das Flusspanorama und die Altstadt. Keimzelle ist das Grab des 179 enthaupteten Valerian, über dem ein frühchristliches Kloster entstand. Zugewanderte Mönche der Atlantikinsel Noirmoutier bauten es aus, errichteten aber nach einem Brand eine neue Kirche für ihren Schutzheiligen Philibert.

Die überragende Bedeutung des Bauwerks liegt darin, dass es hier erstmals gelang, eine weite Halle mit einem Steingewölbe zu decken und dennoch Fensteröffnungen in der Dachzone zu belassen. Entsprechend mächtig sind die tragenden Säulen. Schmuck wurde sparsam eingesetzt, doch können Sie an einem Bogen einen Handwerker und die Inschrift „Gerlanus" entdecken – möglicherweise ein besonders frühes Künstlerporträt. Die erhaltenen Teile des Klosters beherbergen heute das *Centre International d'Études Romanes (Juli/Aug. tgl. 8–19, sonst bis 18 Uhr | 7, place des Arts | www.art-roman.org)*.

ESSEN & TRINKEN

GREUZE

Im gleichnamigen Hotel, einem grandiosen Haus mit Park, lockt das Sternerestaurant Gourmets aus ganz Burgund an den Tisch. Dort ist der junge Chefkoch Laurent Conturier in die Fußstapfen von Altmeister Jean Ducloux getreten und zaubert z. B. Ravioli u. a. aus einem schlichten Granny Smith. *Do mittags, Di mittags, Mi geschl. | 1, rue Thibaudet | Tel. 03 85 51 13 52 | www.hotelgreuze.com |* €€–€€€

AUX TERRASSES

Stilvoller Saal, netter Garten und das Ganze an der Saône. Die Küche hat dazu Topniveau – Täubchenbrust mit Karotten-

TAIZÉ

Zu den internationalen Taizé-Treffen strömen zigtausend Jugendliche, so etwa 2011 nach Berlin oder zur Jahreswende 2016/17 ins lettische Riga. Übers ganze Jahr aber reisen junge Leute aus aller Welt in den Ort Taizé nahe Cormatin – an manchen Tagen erinnert die Szenerie an ein christliches Woodstock mit Kreuzen statt Gitarren. Die auch als CD erhältlichen Gesänge von Taizé sind Ausdruck des Engagements. Hinter dem Sog, den die autarke ökumenische Gemeinschaft bis heute ausübt, steht der Schweizer Theologiestudent Roger Schutz, der Taizé kurz nach dem Zweiten Weltkrieg als Ort des Friedens gegründet hat. 1986 kam sogar der Papst. Umso bestürzter war die Welt, als Roger Schutz 2005 vor Tausenden von Pilgern von einer geistig Verwirrten erstochen wurde. Doch seine Idee lebt weiter. Für die jungen Pilger rings um die Kirche stehen zahlreiche Bungalows bereit. In Boutiquen werden u. a. die Erzeugnisse der klostereigenen Handwerksbetriebe verkauft. *www.taize.fr*

rolle und Lakritz-Jus oder Wildentenpastete in leichtem Teigmantel. *So abends, Di mittags, Mo geschl. | 18, avenue du 23 Janvier | Tel. 03 85 51 01 74 | €€–€€€*

EINKAUFEN

Noch Platz im Auto? In der ehemaligen *Kirche St-Valérien* können Sie bei einem Antiquitätenhändler nach ausgefallenen alten Möbeln stöbern.

ÜBERNACHTEN

INSIDER TIPP CHÂTEAU DE MESSEY

Wohnen Sie in herrlich grüner Lage beim Winzer in Ozenay (7 km westl. von Tournus). Unterbringung im Weingut oder in einem der alten Winzerhäuser nebenan. *5 Zi. | Ozenay | Tel. 03 85 51 33 83 | www.demessey.com | €€€*

LA TOUR DU TRÉSORIER

Zentraler geht es nicht: Das prachtvolle mittelalterliche Anwesen liegt gegenüber der Abtei. Die *chambres d'hôte* verbinden modernes Design mit historischem Ambiente und Luxus. Herrlich: der Garten. *4 Zi. | 9, place de l'Abbaye | Tel. 03 85 27 00 47 | www.tour-du-tresorier.com | €€€*

AUSKUNFT

OFFICE DE TOURISME

2, place Carnot | Tel. 03 85 27 00 20 | www.tournus-tourisme.com

ZIELE IN DER UMGEBUNG

AZÉ (126 B5) (*J7*)

Naturschauspiel und Kulturstätte zugleich sind die beiden Grotten von Azé, 23 km südwestlich von Tournus. Die obere Höhle barg das 300 000 Jahre alte Bärenskelett und Spuren des Frühmenschen, die im *Musée des Grottes* ausgestellt sind *(Grotten und Museum: Mitte Juni–Ende Aug. tgl. 10–19, April–Mitte Juni, Sept. tgl. 10–12, 14–19, Okt. nur So 10–12, 14–19 Uhr | 7 Euro)*. Auf tieferem Niveau gluckert ein unterirdischer Fluss.

BLANOT (126 B5) (*J7*)

Mit den fünf ● *Tropfsteinhöhlen (Juli/Aug. tgl. 12–19 Uhr, Mai–Juni, Sept. nur Sa/So | 6 Euro | www.blanot.fr)* des Dorfs, 26 km südwestlich von Tournus gelegen, setzt sich das unterirdische Grottensystem von Azé fort. Bei der einstündigen Führung steigen Sie 80 m tief hinab in die Kalkformationen, das erfordert gute Kondition. Hoch hinaus geht es dann am *Mont St-Romain*, von wo Sie die Aussicht aus 579 m Höhe genießen.

BRANCION (126 B4) (*J7*)

12 km westlich von Tournus wacht oberhalb der Passstraße die Ruine einer *Burg* in malerischer Lage (10./14. Jh.). In der romanischen Dorfkirche *St-Pierre*, ebenfalls oben auf dem Felssporn, entdecken Sie Freskenreste und das Grab des 1250 auf einem Kreuzzug gestorbenen Jocerand III., früherer Besitzer der Burg.

CHALON-SUR-SAÔNE (126 B–C3) (*J6*)

Die 25 km nördlich von Tournus gelegene Stadt (47 000 Ew.) verdankt ihren Aufstieg zum Industriestandort dem Bau des *Canal du Centre* am Ende des 18. Jhs. Hat man den Speckgürtel aus Vorstädten und Betriebsgeländen durchbrochen, überrascht die schmucke Altstadt mit Kathedrale, Fachwerk- und Renaissancebauten. Malerisch im Fluss liegt die Saône-Insel *St-Laurent*, wo viele Restaurants locken. Beachtung gebührt dem 1765 in Chalon geborenen Begründer der Fotografie, Nicéphore Niepce. Ihm und seiner Erfindung ist das *Musée*

Chalon-sur-Saône ganz romantisch: bei Lichterglanz auf dem Wasser dinieren

Nicéphore Niepce (Juli/Aug. Mi–Mo 10–18, Sept.–Juni Mi–Mo 9.30–11.45, 14–17.45 Uhr | Eintritt frei | 28, quai des Méssageries | www.museeniepce.com) am Ufer der Saône gewidmet. Da Sie jetzt schon einmal am Fluss sind: INSIDER TIPP *Croisières Saônoises* veranstalten ab Chalon schöne Schiffstouren *(12–52 Euro | square Chabas | mobil 06 72 91 98 56 | www.croisieres-saonoises.fr)* mit und ohne Essen an Bord.

CHÂTEAU DE CORMATIN ★
(126 B4) *(🕮 J7)*

Weil das Schloss einst dem Direktor der Oper von Monte Carlo gehörte, wohnten erlauchte Besucher wie der Tenor Enrico Caruso hinter den Mauern. In diese Zeit gehören allerlei verspielte Zutaten, doch stammt das Château (24 km westl. von Tournus) aus dem frühen 17. Jh. Im Garten erwarten Sie ein großes *Labyrinth* und ein *Freilichttheater*. *Ostern–Mitte Nov. tgl. 10–12, 14–17.30, Mitte Juli–Mitte Aug. 10–18.30 Uhr | Führung 10 Euro, nur Park und Säle des 19. Jhs. 6 Euro | www.chateaudecormatin.com*

LOUHANS (127 D4) *(🕮 K7)*

Louhans (6450 Ew.) ist die charmante Hauptstadt der Bresse. Die größtenteils tischtuchflache Ebene ist dünn besiedelt. Hoch ist allein die Zahl der glücklichen Hühner, Enten und Gänse. Bis das Federvieh im Topf landet, läuft es frei herum. Wichtigster Markt für das berühmte Bresse-Geflügel ist Louhans selbst. Die *Grande rue* gilt mit 157 Arkaden aus dem 16.–18. Jh. als längste Arkadenfolge Frankreichs. Zum INSIDER TIPP Geflügelmarkt am Montag gackert es aus allen Ecken. Das Federvieh mit AOC-Label stammt von der Wiese, zugefüttert werden dürfen nur Mais und Milch. Entsprechend prächtig sehen Kapaune, Hennen, Poularden, Puter, Enten, Gänse und Perlhühner aus.

ERLEBNISTOUREN

1 BURGUND PERFEKT IM ÜBERBLICK

START: ① Dijon
ZIEL: ① Dijon

Strecke:
900 km

11 Tage
reine Fahrzeit
17 Stunden

KOSTEN: Für 2 Personen ca. 1800 Euro (Benzin, Unterkunft, Essen, Eintritte)
MITNEHMEN: Rucksack, Wanderschuhe

ACHTUNG: An langen Wochenenden (Ostern, Pfingsten) und in der Hauptsaison (Juli/Aug.) sollte die Übernachtung rechtzeitig gebucht werden!
Segways verleiht in ① **Dijon** das **Office de Tourisme** → S. 44. Der Radverleiher **VTT Aventure** *(Tel. 03 80 61 06 97 | www.vtt-aventure.com)* hat in ④ **Nuits-St-Georges** eine Station, liefert das Rad jedoch auch ins benachbarte Vougeot.

Jeder Zipfel dieser Erde hat seine eigene Schönheit. Wenn Sie Lust haben, die einzigartigen Besonderheiten dieser Region zu entdecken, wenn Sie tolle Tipps für lohnende Stopps, atemberaubende Orte, ausgewählte Restaurants oder typische Aktivitäten bekommen wollen, dann sind diese maßgeschneiderten Erlebnistouren genau das Richtige für Sie. Machen Sie sich auf den Weg und folgen Sie den Spuren der MARCO POLO Autoren – ganz bequem und mit der digitalen Routenführung, die Sie sich über den QR-Code auf S. 2/3 oder die URL in der Fußzeile zu jeder Tour downloaden können.

Die große Burgundtour führt auf Weinstraßen, in einsame Gebirge, in verbummelte Dörfer, in quirlige Städte, an Flüssen entlang – zwischendurch auch mal mit dem Rad. Am Ende weiß man: Selbst elf Tage können nur ein Anfang sein. Denn Burgund ist unfassbar reich an Erlebnissen, Genüssen, Sehenswürdigkeiten.

Der ideale Auftakt der *tour de Bourgogne* ist **1 Dijon → S. 39** mit seiner denkmalgeschützten **Altstadt**, guten Restaurants und kleinen Läden. Das **Office de Tourisme** bietet INSIDER TIPP Touren mit dem Segway an, auch abends! **Immer der *Route des Grands Crus* nach geht es am nächs-**

TAG 1–2

1 Dijon

20 km

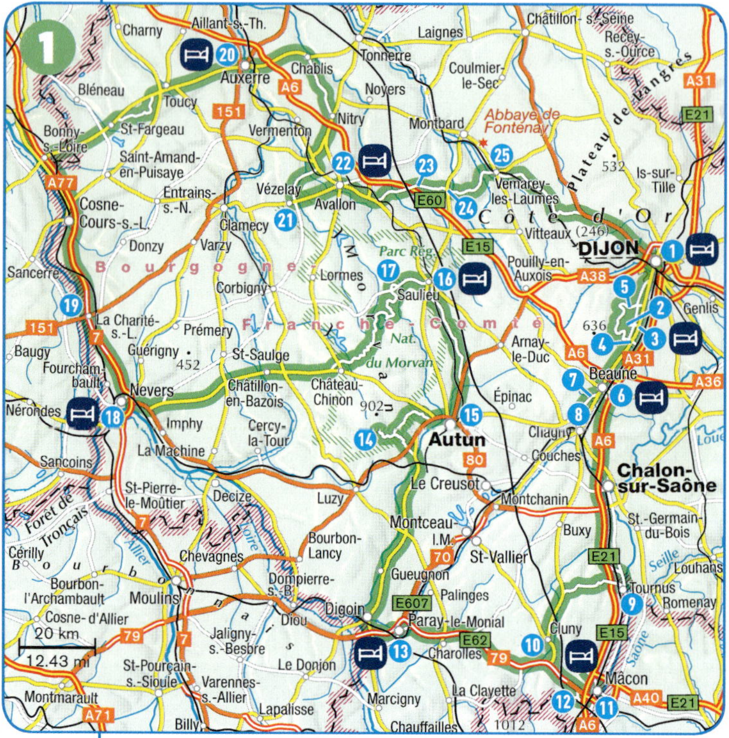

❷ Clos de Vougeot

1,7 km

❸ Clos de la Vouge

TAG 3–4

4,5 km

❹ Nuits-St-Georges

27 km

❺ Gevrey-Chambertin

27 km

ten Tag an die Côte d'Or mit dem berühmtesten Weingut Burgunds, dem **❷ Clos de Vougeot → S. 37**: Die Keller und vier gewaltige Pressen sind eine Besichtigung wert. Checken Sie für zwei Nächte nebenan im schmucken Gehöft des **❸ Clos de la Vouge** *(1, rue du Moulin | Tel. 03 80 62 89 65 | www.hotel-closdelavouge.com | €€)* ein, und steigen Sie am nächsten Morgen aufs Rad um. Die etwas in die Waden gehende **Rundtour (ca. 35 km) führt zunächst ins hübsche ❹ Nuits-St-Georges → S. 38** mit einem Blick ins **Imaginarium**. **Weiter geht's über Concoeur-Corboin und Reulle-Vergy nach Chamboeuf und zur Felsenge der Combe de Lavaux. Spätestens in ❺ Gevrey-Chambertin → S. 38** dürfen die kulinarischen Genüsse nicht zu kurz kommen. **Via Chambolle-Musigny ist der Weg nicht weit zurück nach Vougeot. Tags darauf erreichen Sie – nun wieder mit dem Auto – über das Winzerdorf Aloxe-Corton → S. 37** die Handelshauptstadt des burgundischen Weins: ⑥ **Beaune** → S. 32. Zeit für eine Besichtigung des **Hospizes**! In den beiden nahen weinseeligen Orten ⑦ **Pommard** → S. 39 und ⑧ **Meursault** → S. 38, jeweils mit **Château**, sollten Sie die prominenten Tropfen probieren. Übernachtet wird in Beaune im Hotel **Les Remparts**, und der Abend klingt in der Weinbar **Mille et Une Vignes** aus.

Es geht weiter über die A 6 nach ⑨ **Tournus** → S. 82, dessen Altstadt die Türme von St-Philibert überragen. Ein Tipp fürs Picknick an den Saône-Kais ist die **Charcuterie des Gourmets** *(11, rue Désiré-Mathivet)*, wo es köstliche Wurstwaren gibt. Noch als Ruine verblüfft ⑩ **Cluny** → S. 78, das einst größte Gotteshaus der Christenheit. Mit ⑪ **Mâcon** → S. 74 ist das Ziel der Tagesetappe erreicht (Übernachtung: **Château des Poccards**). Nicht nur zum Fußevertreten lohnt am nächsten Morgen der **Aufstieg zum** ⑫ **Roche de Solutré** → S. 79. In der Hügelflanke verbirgt sich das hypermoderne, spektakulär ausgestattete **Musée départemental de préhistoire**. Wiesenhügel und romanische Kirchen wie die **Basilika** in der Pilgerstadt ⑬ **Paray-le-Monial** → S. 79, die Sie am Nachmittag anfahren, sind das Wahrzeichen des Brionnais. Mit modernem Ambiente punktet das Restaurant **L'Apostrophe** *(So/Mo geschl. | 69, avenue Charles-de-Gaulle | Tel. 03 85 25 45 07 | €–€€)*, stilgerecht übernachten Sie im **Grand Hôtel de la Basilique**. **Über die D 994 und D 61 geht's nun gen Norden.** Mit dem ⑭ **Mont Beuvray** → S. 74 ist der Morvan erreicht. Das hervorragende **Musée de la Civilisation Celtique** erklärt die strategische Bedeutung des Orts in der Antike. Ein Spaziergang über das **Ausgrabungsfeld** lockert die Beine. Das an herausragenden Bauwerken reiche ⑮ **Autun** → S. 68 zählt zu den Höhepunkten jeder Burgundreise – nicht nur für Architekturfans. In ⑯ **Saulieu** → S. 46 geht's zu Tisch: Die Stadt verdankt einer Riege großer Köche den Ruf als gastronomisches Mekka. Zum Übernachten empfiehlt sich die solide **Hostellerie de la Tour d'Auxois** *(29 Zi. | square Alexandre-Dumaine | Tel. 03 80 64 36 19 | €€–€€€)* mit Garten und Pool. **St-Brisson ist Sitz des** ⑰ **Parc Régional du Morvan** → S. 67, in dem Sie sich auch eine Karte für eine Wandertour besorgen können. Der **Lac des Setton** → S. 67 lockt zudem mit Badestränden. Nett verschnaufen lässt es sich im **Les Grillons du Morvan**. Mit jedem Kilometer **auf der D 978 in Richtung** ⑱ **Nevers** → S. 60 flacht der Morvan ab. Die Herzogstadt ist Burgunds westlichster Vorposten mit sehenswertem **Palais Ducal** und Loire-Panorama.

⑥ Beaune
5,5 km
⑦ Pommard
4,5 km
⑧ Meursault

TAG 5–6
65 km
⑨ Tournus
35 km
⑩ Cluny
22 km
⑪ Mâcon
21 km
⑫ Roche de Solutré
67 km
⑬ Paray-le-Monial

TAG 7–8
78 km
⑭ Mont Beuvray
26 km
⑮ Autun
43 km
⑯ Saulieu
16,2 km
⑰ Parc Régional du Morvan
105 km
⑱ Nevers

TAG 9–11

26 km

⑲ La Charité-sur-Loire

115 km

⑳ Auxerre

70 km

㉑ Vézelay

16 km

㉒ Avallon

23 km

㉓ Fromagerie Berthaut

12 km

㉔ Semur-en-Auxois

15 km

㉕ Muséoparc Alésia

60 km

① Dijon

Die Tour folgt nun dem Strom in die Jakobspilgerstadt ⑲ **La Charité-sur-Loire → S. 64**. Ein Spaziergang am Ufer wird vom herrlichen Blick auf die Stadtsilhouette belohnt. Loireblick zu guter Burgundküche hat auch das Restaurant des Hotels **Le Bon Laboureur** *(tgl. | quai Romain-Mollot | Tel. 03 86 70 22 85 | www.lebonlaboureur.com | €)*. Die türmegekrönte Silhouette von ⑳ **Auxerre → S. 48** spiegelt sich hingegen in der Yonne. Besonders charmant sind die Cafés an der Place St. Nicolas, etwa das INSIDER TIPP **Le Quai** *(tgl. | Tel. 03 86 51 66 67 | €)*. Mit einem Schlenker durch die Chablis-Weinberge gelangen Sie am Tag darauf nach ㉑ **Vézelay → S. 58**: Die grandiose Basilika zieht schon aus der Ferne alle Blicke auf sich. **Über die D 957 erreichen Sie** ㉒ **Avallon → S. 56**, dessen von Mauern gefasste **Altstadt** über dem malerischen Cousin-Tal thront. Ein Zimmer in der **Hostellerie de la Poste** bürgt für eine ruhige Nacht in historischem Ambiente. **In der weiter östlich gelegenen Käsestadt Époisses → S. 45** führt kein Weg an der prämierten ㉓ **Fromagerie Berthaut** vorbei. **Weiter geht es nach Westen** ins Bilderbuchstädtchen ㉔ **Semur-en-Auxois → S. 47**. Krönender Tourabschluss ist der spannende Geschichtsspaziergang im neuen gallo-römischen ㉕ **Muséoparc Alésia** am nahen Mont Auxois in **Alise-Ste-Reine → S. 44**. Ausgangspunkt und Ziel der *tour de Bourgogne*, ① **Dijon**, liegt von hier **noch 60 km weiter nordöstlich** – und doch mit seiner urbanen Lebendigkeit Lichtjahre entfernt.

Geschichte auf ganz spannende Weise erklärt: MuseoParc Alésia

2 MITTELALTERLICHE SCHÄTZE AM WEG NACH MÂCON

START: ❶ Tournus
ZIEL: ❶ Tournus

Strecke: mittel
110 km | Höhenmeter: 350 m

2 Tage
reine Fahrzeit
6,5 Stunden

KOSTEN: Für 2 Personen ca. 250 Euro (Unterkunft, Essen, Zugfahrt)
MITNEHMEN: Badesachen, Sonnenschutz, Picknick, Wasser

ACHTUNG: Räder gibt's in ❶ **Tournus** bei **Moustik 2 Roues** *(5, rue Jean-Jaurès | Tel. 03 85 51 16 69 | www.vtt-aventure.com)*.
Das hügelige Gebiet um ❺ **Cluny** ist nichts für untrainierte Radfahrer! Die Rückkehr erfolgt samt Rad mit dem Regionalzug (Dauer 20 Min., *www.ter-sncf.com/bourgogne*).

Unter den Mönchen aus Cluny erblühte um das Jahr 1000 die burgundische Romanik, deren Einfluss weit nach Europa reichte. Rings um die Abtei von Cluny können Sie der Vergangenheit nachspüren, am besten mit dem Fahrrad. Darüber hinaus bietet die sportlich anspruchsvolle Tour phantastische Ausblicke und kulinarische Genüsse.

Am Start in ❶ **Tournus** → S. 82 wartet auf Sie nicht nur eine bedeutende romanische **Kirche**, sondern auch ein hübsches Flusspanorama an der Saône. **Von nun an geht's auf der D 14 durch Weinfelder hoch ins Burgdorf** ❷ **Brancion** → S. 84. Die letzten Meter hinauf zum **Schloss** fordern weitere Reserven. Danach dürfen Sie das kleine Paradies **am Pass unterhalb der Ortschaft** genießen: ❸ INSIDER TIPP **La Montagne de Brancion** *(Tel. 03 85 51 12 40 | www.lamontagnedebrancion.com | €€€)*, ein schickes Hotel-Restaurant, in dem Sie sich höchstens wegen Ihrer Radlerkluft unwohl fühlen werden. Weit schweift der Blick über die Weinberge und Hügel des Mâconnais. Wie wäre es noch mit einem Kaffee im Garten oder einer Runde Schwimmen im Pool? **Der weitere Weg auf der D 146**, der Sie auch zu den Tropfsteinhöhlen von ❹ **Blanot** → S. 84 führt, ist schön, aber anstrengend. Mit der Abteiruine ❺ **Cluny** → S. 78 endet für diesen Tag die Pedaltour, und das auf Wunsch *très chic* in der **Hostellerie Le Potin Gourmand**.

TAG 1

❶ Tournus
15 km
❷ Brancion
1,5 km
❸ La Montagne de Brancion
14 km
❹ Blanot
12 km
❺ Cluny

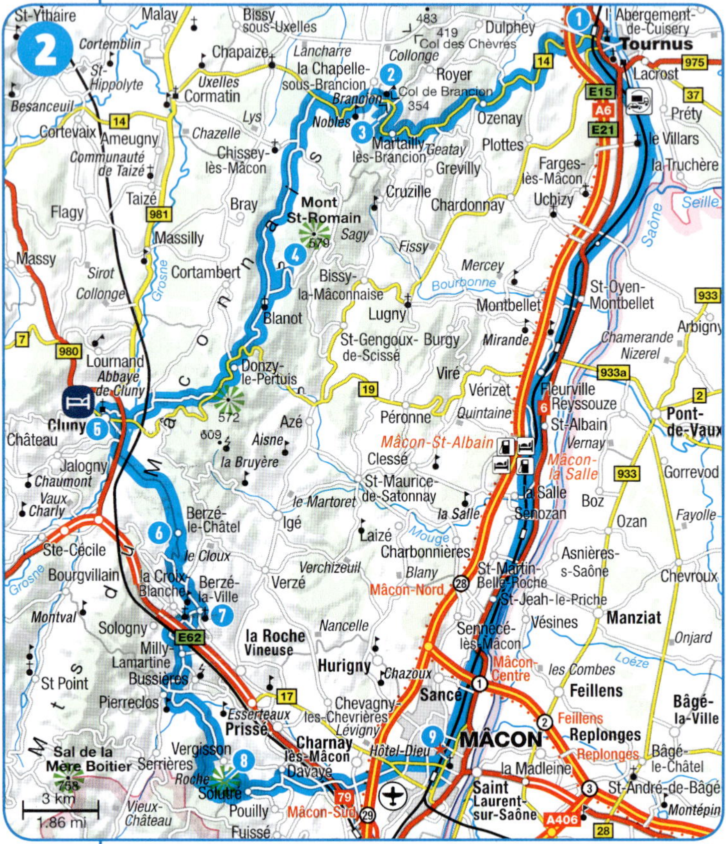

TAG 2

9 km

❻ Berzé-le-Châtel

3,3 km

❼ Berzé-la-Ville

14 km

❽ Solutré

10,5 km

❾ Mâcon

Starten Sie den heutigen Tag in der INSIDER TIPP **Pâtisserie Germain** *(25, rue Lamartine)*: Plätzchen, Schokoladen, Kuchen sind legendär gut, einen **Salon de Thé** mit Terrasse gibt es auch. Dann ab aufs Rad und **ca. 200 m hinter der südlichen Stadtausfahrt links abbiegen nach ❻ Berzé-le-Châtel → S. 77**. Auch die Fresken in **❼ Berzé-la-Ville → S. 77** sind einen Stopp wert. **Nach Unterquerung der N 79 radeln Sie über Pierreclos → S. 78 zum Felsen von ❽ Solutré → S. 79** und werden mit trainierten Waden zu Fuß leicht die Höhe bis zum **Besucherzentrum** erklimmen. Die Aussicht von der markanten Abbruchkante ist umwerfend. Wieder im Sattel erobern Sie im **Endspurt auf der D 54** die Stadt **❾ Mâcon → S. 74**, wo noch

Zeit für einen Drink bleibt, **bevor der Zug Sie zurück nach ❶ Tournus** bringt.

32 km

❶ Tournus

3 MIT DEM HAUSBOOT AUF DEM CANAL DU NIVERNAIS

START: ❶ Châtillon-en-Bazois
ZIEL: ⑰ Auxerre

Strecke:
170 km

7 Tage
reine Fahrzeit
40 Stunden

KOSTEN: Hausbootmiete für 2 Personen ab 730 Euro pro Woche, Betriebskosten (Diesel) ca. 180 Euro, Rücktransport ca. 150 Euro, Essen und Eintritte ca. 350 Euro

MITNEHMEN: Badesachen, Räder (alternativ zu mieten über Hausbootanbieter, 30–50 Euro/Woche)

ACHTUNG: Hausboote für 2–8 Personen verleiht in der Base Nautique (Flusshafen) **Canalous Plaisance** *(Tel. 03 85 53 76 74 | www. canalous-plaisance.fr.)*. In der Hauptsaison kann es zu Wartezeiten an den 89 Schleusen kommen.

Der Westen Burgunds ist von Flüssen, Seen und Kanälen durchzogen, die heute vor allem Freizeitkapitäne auf der Suche nach Entschleunigung befahren. Wie im Breitwandkino ziehen hübsche Städtchen und schöne Landschaften vorbei.

In **❶ Châtillon-en-Bazois** → S. 65, wo der **Canal du Nivernais** → S. 64 zunächst dem Fluss Aron im Zickzack durch die Lande folgt, beginnt Ihre Tour. Bootsübergabe, Einweisung in die Technik und die ersten schweißtreibenden Navigationsübungen nehmen schon einen halben Tag ein. Zum Entspannen flanieren Sie durch den **Schlosspark des Châteaus** und zu den blumengeschmückten **Ufern des Kanals**. Wenn der Appetit sich regt: Die **Auberge de l´Hôtel de France** *(So abends geschl. | 28, rue du Docteur-Duret | Tel. 03 86 84 13 10 | www.aubergehoteldefrance.fr | €–€€)* bietet unverfälschte burgundische Landküche. Nach der ersten Nacht auf dem Boot: Leinen los! **Es geht gen Norden**, wo die aufgestauten Seen Etang de Vaux und Etang de Baye → S. 65 ein wahres Freizeitparadies sind. Warum nicht im Weiler **❷ Baye an der Brücke anlegen** und kurz im See abtauchen? Danach wird es ein wenig spooky: Man muss das Boot **durch drei Tunnel manövrieren**, von denen der längste, **❸ La Colancelle**, immerhin 758 m lang

TAG 1–2

❶ Châtillon-en-Bazois

17,5 km

❷ Baye

1,5 km

❸ La Colancelle

3,3 km

In Clamecy lockt auch wunderschöne Romanik: Saint-Martin

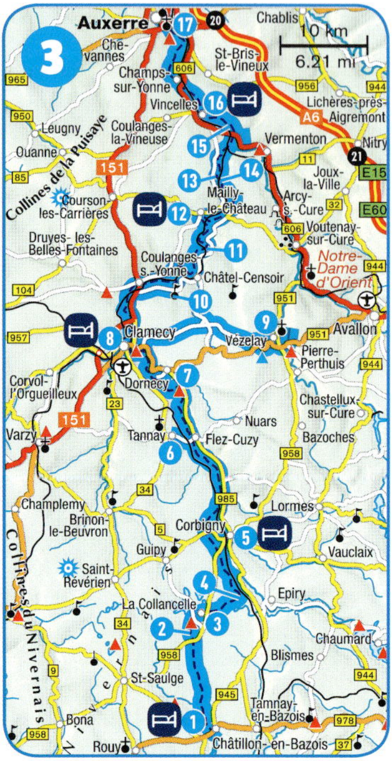

4 Echelles de Sardy

11,5 km

5 Corbigny

TAG 3

23 km

6 Tannay

20 km

7 Dornecy

10,5 km

8 Clamecy

ist. Kurz darauf fordern die **4 Echelles de Sardy**, 16 aufeinanderfolgende Schleusen, den ganzen Hausbootkapitän. **Das Tagesziel ist 5 Corbigny**, ein Landstädtchen wie aus dem Bilderbuch. Doch Überraschung: Die imposante **Barockabtei** *(Mo–Sa 9–12.30, 14–17.30 Uhr | Eintritt frei)* dient heute als Ausstellungsraum für moderne Kunst.

Ein erster Stopp lohnt sich heute in dem mit Renaissancebauten bestückten Ort **6 Tannay**. Um die regionalen Weine zu probieren, spazieren Sie zu dem 400 Jahre alten Gewölbekeller der **Union viticole de Tannay** *(11, rue d'Enfer | Tel. 03 86 70 22 85 | www.caves-tannay.com)*. Auch nach **7 Dornecy** mit Waschhaus, mittelalterlicher Kirche und einer 500 Jahre alten Linde wandern Sie **eine gute halbe Stunde.** In **8 Clamecy** **→ S. 65**, wo der Fluss breit genug wurde, um früher die Baumstämme der Flößer miteinander zu verbinden, legen Sie im hübschen Hafen für die Nacht an. Und mit dem **Bistro Angélus** *(So abends, Mi. geschl. | 11, place St-Jean | Tel. 03 86 27 33 98 | €€)* wird das Glück perfekt.

Gut, dass mit dem Boot auch Räder ausgeliehen wurden! **Östlich von Clamecy** wartet nun **9 Vézelay → S. 58**, das man per Rad in zwei Stunden erreicht. Achtung: **Nehmen Sie nicht die viel befahrene D 951, sondern wählen Sie die lauschige Nebenstrecke (D 199/D 36) über Asnières-sous-Bois!** Die Besichtigung der **Basilika** beginnt danach ganz entspannt auf der Terrasse des Cafés **SY la Terrasse** *(tgl. | place de la Basilique | www.vezelay-laterrasse.com)* mit einem Blick auf deren weltberühmtes Westwerk. Dass auch in Vézélay Wein angebaut wird, erfährt man im Laden der fidelen Winzerin **Maria Cuny** *(tgl. | 34, rue St-Etienne | www.domaine-mariacuny.com)*.

Die Yonne windet sich auf der Weiterfahrt nach Norden – und der Kanal an ihrer Seite macht es dem Fluss nach. Bei Lucy-sur-Yonne stoppen! Auf der Hügelkante taucht das **10 Château Faulin** *(Eintritt nur nach Online-Reservierung: www.chateau-faulin.fr)* **am rechten Ufer** auf. Der Besitzer verwandelte das 500 Jahre alte Gemäuer in ein „Museum der technischen Innovation des Mittelalters“ – eine skurrile Sammlung! **Ein paar Kilometer flussabwärts** finden Sie einen INSIDER TIPP Ankerplatz im Schatten des 50 m hohen **11 Rocher du Saussois**. Vom Ufer führen **Wanderwege zur Felswand** mit ihrer grandiosen Aussicht. Tagesziel ist **12 Mailly-le-Château**. **Ein Fußweg schuftet sich vom Unterdorf am Ufer hoch zum befestigten Oberdorf**, von wo der Blick erneut phantastisch ist.

Heute steuern Sie die Schleuse von Prégilbert an. **13 L'Ecluse des Dames** *(Di–So 9–18 Uhr)* heißt das nette Café-Bistro im ehemaligen Schleusenwärterhaus, das zwei junge Frauen betreiben. Elvina und Marie haben auch den witzigen Abenteuerparcours **14 Parcabout** *(Di–So 10–18 Uhr | 5 Euro | www.eclusedesdames.com)* kreiert. Beim Uferdorf **15 Cravant** mit **Stadttor, Belfried und Renaissancekirchturm** fließt die Cure in die Yonne, die nun zum großen Fluss wird. In **16 Vincelottes** ist mit der INSIDER TIPP **Auberge des Tilleuls** *(Di/Mi. geschl. | 12, quai de l'Yonne | Tel. 03 86 42 22 13 | www.auberge-les-tilleuls.com | €–€€)* das charmanteste Restaurant an der Yonne erreicht. Sie bleiben, und zwar gleich für die Nacht! Am letzten Tag kommt langsam **17 Auxerre → S. 48** mit dem umtriebigsten Flusshafen von Burgund in Sicht. Die hier sehr breite Yonne dient als Spiegel für **Fachwerk, Kirchtürme und Kais**. Ein letztes Mal schleusen, ein letztes Mal Seile festmachen. Dann geht der Freizeitkapitän von Bord. Stadtluft lockt!

TAG 4

20 km

9 Vézelay

TAG 5

45 km

10 Château Faulin

13 km

11 Rocher du Saussois

4,2 km

12 Mailly-le-Château

TAG 6–7

8,2 km

13 L'Ecluse des Dames

50 m

14 Parcabout

6 km

15 Cravant

6,8 km

16 Vincelottes

14 km

17 Auxerre

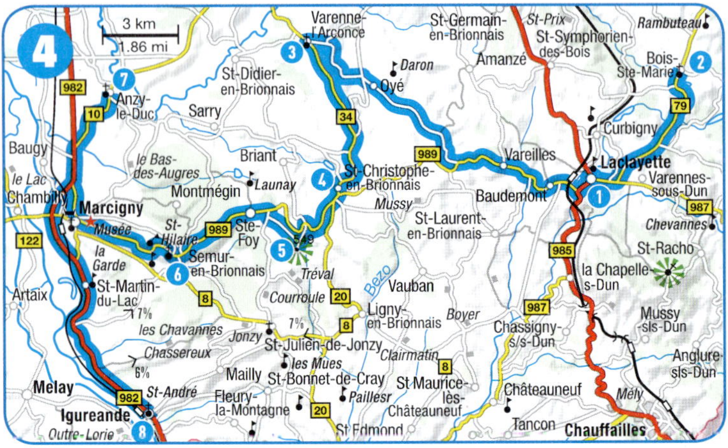

GLÜCKLICHE KÜHE, KIRCHEN UND KEIN WEIN: DAS BRIONNAIS

4

START: ❶ **La Clayette**
ZIEL: ❽ **Iguérande**

1 Tag
reine Fahrzeit
2,5 Stunden

Strecke:
80 km

KOSTEN: Für 2 Personen ca. 80 Euro (Benzin, Essen, Eintritte)
MITNEHMEN: Picknickkorb und -decke

ACHTUNG: Wer den Viehmarkt in ❹ **St-Christophe-en-Brionnais** live erleben möchte, muss die Tour an einem Mittwoch unternehmen.

Idyllisch kommt das Brionnais daher. Hecken und Baumreihen begrenzen Wiesen und Feldwege. Fast jedes Dorf taucht wegen seiner romanischen Dorfkirche im Kunstreiseführer auf. Weinberge gibt es hier keine, dafür umso mehr Charolais-Rinder. Die Tagestour entführt in tiefes Bauernland, träge Wonnen der Provinz inklusive.

❶ La Clayette

8 km

09:30 Ihr Startpunkt in ❶ **La Clayette** ist das rapunzelwürdige **Wasserschloss** aus dem 14. Jh., das allein von außen imponiert (leider Privatbesitz)! Von Nahem aber können Sie die Köstlichkeiten von INSIDER TIPP **Les chocolats Bernard Dufoux** *(Di–Sa 9–19, So und Ferien 9.30–13 Uhr | 32, rue Centrale | www.chocolatsdufoux.com)* in Augenschein nehmen. Füllen Sie zudem Ihren Picknickkorb mit bäuerlichen Produkten der Region, die Sie den ganzen Sommer über im **Centre du Goût** *(tgl. | neben dem Office de Tourisme)* erhalten. **8 km weiter nordöstlich** markiert die romanische **Dorfkirche** von **2 Bois-Ste-Marie** die Ostgrenze des Brionnais. Auf dem Tympanon über der Seitentür ist die herrlich naiv dargestellte Flucht aus Ägypten ein Foto wert. Ergreifend einfach ist auch die **Dorfkirche** von **3 Varenne-l'Arconce** **23 km westlich.** In **4 St-Christophe-en-Brionnais → S. 82** wird seit 1488 mittwochs ein legendärer **Rindermarkt** abgehalten. Selbst leer bleibt an anderen Tagen das Marktgelände mit Hunderten von Pferchen beeindruckend – und im schlichten Restaurant **La Tour d´Auvergne** *(tgl. | Grande Allée de Tenay | Tel. 03 85 25 82 23 | €–€€)*, dem Epizentrum des Dorflebens, schmecken *Côte de boeuf* und *Pot au feu* immer gut.

Glücklich, was ein Charolais-Rind ist

14:00 Den schönsten Blick über die Hügellandschaft des Brionnais haben Sie vom **5 Point de Vue an der D 989 nach Ste-Foy**. Ringsherum ducken sich Gehöfte in Wiesenmulden. Charolais-Rinder ruhen im Gras – ein Bilderbuchfrankreich tut sich auf. In **6 Semur-en-Brionnais → S. 82**, das zum Kreis der „schönsten Dörfern Frankreichs" zählt, folgt die nächste romanische **Dorfkirche**. Ihr Wahrzeichen ist ein achteckiger Vierungsturm. In **7 Anzy-le-Duc → S. 80** krönt ein ebensolcher Turm die **Prioratskirche** – das Gebäude gilt als Paradebau südburgundischer Romanik. **8 Iguérande** schließlich thront regelrecht **über dem rechten Ufer der Loire**. Wieder ist die **Kirche** ein Juwel südburgundischer Romanik. Wie arbeitsintensiv das Landleben einmal aussah, zeigt **nebenan** das **Musée Reflet Brionnais** *(Mitte April–Okt. Mi–Mo 14.30–18 Uhr | 4 Euro)*. Ein köstliches Mitbringsel erhalten Sie in der **Huilerie Leblanc** *(Grande Rue | www.huile-leblanc.com)*. Die weit über Burgund hinaus bekannte Ölmühle (mit Boutique in Paris!) vertreibt verschiedene Öle aus eigener Pressung. Was vergessen? Ja, halt, ein lauschiges Plätzchen fürs eingekaufte **Picknick** findet sich unterhalb des Dorfs am **Ufer der Loire**!

2 Bois-Ste-Marie
23 km
3 Varenne-l'Arconce
7 km
4 St-Christophe-en-Brionnais
3,8 km
5 Point de Vue
6 km
6 Semur-en-Brionnais
10 km
7 Anzy-le-Duc
16 km
8 Iguérande

SPORT & WELLNESS

Geografisches Herz Burgunds ist der Morvan mit seiner Seenplatte. Das weitgehend naturbelassene und bewaldete Granitplateau lockt mit einer breiten Palette an Outdooraktivitäten, wozu Wandern, Mountainbiking, Kanufahren und Reiten gehören. Aber auch die zahlreichen Flüsse und Seen sind ideal, um alte und neue Sportarten zu entdecken.

ANGELN

● Burgund, das ist Wasser auf der ganzen Linie, also auch ein Anglerparadies. Vom zentralen Höhenzug des Morvan laufen die Rinnsale ab, vereinigen sich zu Flüssen von über 1200 km Länge, bilden Seen mit insgesamt 200 km^2 und werden sogar noch um 800 km Kanäle ergänzt. Wo immer Sie die Leine auswerfen, benötigen Sie einen Angelschein. Den gibt es im Café, auf dem Bürgermeisteramt oder im Zeitungsladen. Ausführliche Broschüren zum Thema Angeln stehen zum Download bereit auf der Website *www.burgund-tourismus.com.*

GOLFEN

Gäste sind auf fast allen Golfplätzen Burgunds willkommen. Die besten 18-Loch- und 9-Loch-Anlagen sind unter *www.1golf.eu/golfclubs/frankreich/burgund* mit weiterführenden Links gelistet. Verlockend erscheint die Kombination aus Golfen und Wohnen im Schloss. Da fällt die Wahl schwer zwischen dem INSIDER TIPP *Château de Chailly (45 Zi. |*

Ob in Booten, auf Rädern oder dem Pferderücken: Burgund bietet ein sportliches ABC der unbegrenzten Möglichkeiten

Pouilly-en-Auxois | Tel. 03 80 90 30 30 | www.chailly.com | €€€) und der INSIDER TIPP *Domaine du Roncemay (15 Zi., 3 Suiten | Aillant-sur-Tholon | Tel. 03 86 73 50 50 | www.roncemay.com | €€€).*

KAJAK & KANU

Vom ruhigen Paddeln auf dem *Lac des Settons* bis zur anspruchsvollen Tour auf den Flüssen *Chalaux* und *Cure* reichen Burgunds Angebote für Kanu- und Kajakfahrer. Die ganz großen Herausforderungen beginnen, wenn am Wochenende die Schleusen der Staumauern geöffnet werden. Doch auch die weitgehend naturbelassene *Loire* wird Ihnen ein besonderes Erlebnis bieten. Das *Comité Régional de Bourgogne de Canoë-Kayak (Dijon | Tel. 03 80 45 32 83)* stellt die Clubs der Region vor unter *www.canoekayak-bourgogne.fr.*

Veranstalter geführter Touren sind z. B. auf der Loire *Canoë Évasion (Cosne-sur-Loire | mobil 06 84 69 06 70 10 | www.*

canoeevasion.com) oder auf der Cure *A. B. Loisirs (route de Camping | St-Père-sous-Vézelay | Tel. 03 86 33 38 38 | www.abloisirs.com).*

KLETTERN

Auf dem Weg nach Süden erleben Sie Burgund erst einmal als ein flaches Land, in dem Kletterpartien unvorstellbar erscheinen. Doch einige Felsen machen Burgund zu einer herausragenden Region für technisches Training. So erheben sich etwa 30 km südlich von Auxerre die Kalkfelsen des INSIDER TIPP *Saussois* über dem *Canal du Nivernais* – eine spektakuläre Landschaft für Fortgeschrittene. Ein paar leichtere Routen bieten die *Rochers de Miraude* bei *Saffres* in der Nähe von Vitteaux (Côte d'Or), die *Rochers du Grognot* beim berühmten Weingut *Clos de Vougeot* und *Vieux-Château* südlich von *Époisses.*

Auflistung und detaillierte Darstellung der Kletterfelsen auf der Internetseite der *Fédération française de la montagne et de l'escalade*: *www.ffme.fr.* Unterricht erteilt *Loisirs en Morvan (40, rue de Lyon | Avallon | Tel. 03 86 31 90 10 | www.loisirsenmorvan.com).*

RADWANDERN & MOUNTAINBIKING

Keine allzu strapaziösen Steigungen, dafür heiße und mitunter windige Tage – so sieht die Bilanz für Radwanderer in Burgund aus. Als Bahnreisende können Sie Räder an Bahnhöfen ausleihen, ansonsten gibt es Vermieter in allen touristischen Zentren. Das Radwandernetz umfasst rund 800 km. Zu unterscheiden sind dabei die ausgeschilderten *véloroutes* (auf stillen Landstraßen) von den *voies vertes* (ohne motorisierten Verkehr). So ein „grüner Weg" führt von *Cluny* nach *Beaune,* andere durch Weinbaugebiete. Ein versierter Anbieter geführter Touren ist *Bourgogne Évasion (8, hameau du Château | Rully | mobil 06 64 68 83 57 | www.bourgogne-evasion.fr).*

Sind Sie eher Fan des Mountainbikes (in Frankreich *VTT*), sollte der *Morvan* Ihr Ziel sein – mit ca. 2000 km markierten Routen unterschiedlicher Schwierigkeitsgrade. Kontakt: *Vélo Morvan Nature | St-Brisson | Tel. 03 86 78 71 77 | www.velomorvannature.fr*

RAFTING

Vor allem im Winter sind *Yonne, Cure* und *Cousin* reißende Gewässer, auf denen *Rafting, Hotdogging* und *Hydrospeed* zur großen Herausforderung werden. Die meisten Veranstalter finden Sie im *Morvan,* darunter *SARL Tous Azimuts (Montsauche-les-Settons | Tel. 03 86 22 28 97 | tous.azimuts.free.fr).*

REITEN

Ferme équestre lautet das französische Schlüsselwort für Pferdefreunde. Diese Reiterhöfe verleihen Pferde, bieten geführte Ausflüge und teils auch Unterkunft. Besonders umfangreich ist das Netz markierter Wege im *Morvan.* Dort hat sich INSIDER TIPP *A Hue et à Dia (Domaine de St-Honoré | Sommant-en-Morvan | Tel. 03 85 82 66 48 | ahueetadia.com)* als preiswerter Anbieter etabliert. Weitere Infos finden Sie bei: *Conseil du Cheval en Bourgogne | 15, rue Pierre de Coubertin | Dijon | Tel. 03 80 67 24 49 | www.filiere-cheval-bourgogne.com*

SEGELN & SURFEN

Zwar können Sie Aktivitäten wie Wasserski auch auf manchen Flüssen betreiben, doch die Zentren aller Sportarten auf großen Wasserflächen sind die Seen des *Morvan*, darunter als größter *Lac de Pannecière* (5 km²) und als beliebtester *Lac des Settons* (3,6 km²). Boote und Ausrüstung vermietet u. a.: *Activital (Base Sport et Nature des Settons | Montsauche-les-Settons | Tel. 03 86 84 51 98 | www.activital.net)*.

WANDERN

6000 km Wanderwege stehen zur Wahl, darunter kürzere Touren in der Weinregion oder entlang der Kanäle oder die anspruchsvollen Fernwanderwege *grandes randonnées (GR)*. Von *Dijon* nach *Cluny* verläuft die *GR7*, zwischen *Auxerre* und *Autun* die *GR13*. Hinzu kommen Teilstücke der *GR2 (Châtillon-sur-Seine* bis *Dijon)* und *GR3* (entlang der *Loire*). Infos und geführte Touren: *France Randonnée (Rennes | 9, rue Portes Mordelaises | Tel. 02 99 67 42 21 | www.france-randonnee.fr)*. Karten und Infos zu Wegen erhalten Sie über die *Fédération Française de la Randonnée Pédestre (FFRP) (1, rue des Fleurs | Dijon | Tel. 03 80 43 15 64 | bourgogne.ffrandonnee.fr)*.

WELLNESS

Nach Bourbon-Lancy locken 58 Grad heiße Quellen, die in den *Thermes (Tel. 03 85 89 18 84 | www.thermes-bourbon-lancy.com)* für Kuren zur Linderung von Rheuma und Herz-Kreislauf-Problemen genutzt werden. Die benachbarte *Domaine Damona (Tel. 03 85 89 67 37 | www.hotelbienetre.com)* ist eher ein modernes Wellnessbad, für wellnessoasenverwöhnte Deutsche jedoch eher bescheiden. In *St-Honoré-les-Bains* wird im schwefel- und arsenhaltigen Wasser der dortigen Quellen gekurt: Das *Établissement Thermal (Tel. 03 86 30 73 27 | www.chainethermale.fr, www.st-honore-les-bains.com)* im Second-Empire-Stil bietet Kuren zur Nikotinentwöhnung und klassische Wellnesspakete an. Am schicksten ist der kleine, feine Spa *Bourgogne Vignes & Bien-Être* (s. S. 35) in Beaune. Das Prinzip heißt Vinotherapie.

Was für ein Blick! … und beim Wandern im Morvan gibt es viele davon

MIT KINDERN UNTERWEGS

Das kinderfreundliche Frankreich garantiert Ihnen wie überall im Land auch in Burgund einen unbeschwerten Familienurlaub: Es gibt eine Vielzahl von Attraktionen für Ihre Kinder, die hier nur in kleiner Auswahl vorgestellt werden können.

Prinzipiell gilt: Kinder werden in Frankreich weder im Restaurant noch im Hotel oder der Pension als störend empfunden. Ermäßigter Eintritt bei Sehenswürdigkeiten, ein preisgünstiges Kindermenü und ein Zustellbett im Hotelzimmer sind Selbstverständlichkeiten. Spielzeug oder Spielecken etwa im Restaurant, wie Sie sie vielleicht aus Deutschland kennen, gibt es hingegen nicht – in Frankreich werden bei Tisch Erwachsene und Kinder nicht getrennt.

CÔTE D'OR

NASSER VOLANT (122 C6) (*🗺 J5*)

Unabhängig vom Wind präsentiert der Afghane Omar Nasser Kunstdrachen aus aller Welt im Einsatz. In der Werkstatt können auch eigene Drachen gebaut werden (nach Voranmeldung). *Mo–Fr 10–12, 14–18 Uhr | Eintritt frei | 12, rue Vignery | Perrigny-lès-Dijon | Tel. 03 80 54 32 46 | www.nasservolant.com*

PETIT TRAIN TOURISTIQUE (126 B2) (*🗺 H–J5*)

Durch das Tal der Ouche verläuft Frankreichs älteste Bahnlinie aus der ersten Hälfte des 19. Jhs. Vom Bahnhof in Bligny starten Sie während der Woche mit einer Diesellok, sonn- und feiertags mit

Wer vermisst denn da noch das Meer? Mit spritzigen Ideen begeistert Burgund auch seine jüngsten Besucher

einer Dampflokomotive zur nostalgischen Reise. *Mai–Sept. So 14.45, 16.30, Juli/Aug. auch Mo–Sa 15.30 Uhr | 8 Euro, Kinder 3–10 Jahre 2,50 Euro | Bahnhof Bligny-sur-Ouche | mobil 06 30 01 48 29 | chemindefervalleedelouche.blogspot.com*

YONNE

CARDOLAND (121 D–E5) *(🕮 F4)*
Auf dem Weg nach Vézelay liegt kurz hinter Chamoux ein prähistorischer Park mit über 80 Skulpturen von Sauriern und Frühmenschen, die der Künstler Cardo geschaffen hat. Dazu gehören auch ein Museum und eine ausgemalte Höhle. *Juni–Aug. tgl. 10–19, April/Mai, Sept./Okt. Mi, Sa/So 13.30–17.30 Uhr | Juli/Aug. 10,80 Euro, Kinder 8,50 Euro, sonst 9,80 Euro, Kinder 7,50 Euro | D 951 | www.cardoland.com*

CHANTIER MÉDIÉVAL DE GUÉDÉLON (120 C5) *(🕮 E4)*
Mit den Materialien und Techniken des Mittelalters wird mit freiwilligen Helfern

aus ganz Europa am *Étang de Guédelon* eine Burg errichtet. Dabei sind nicht nur Facharbeiter willkommen, sondern auch Leute, die einfach nur Mörtel mischen oder in ritterlicher Manier über ihr Eintrittsgeld das Projekt unterstützen. Als Bauzeit sind 25 Jahre veranschlagt. *Mitte März–Okt. tgl. 10–17.30, April–Juni bis 18, Juli/Aug. bis 19 Uhr | 14 Euro, Kinder 11 Euro | Guédelon | www.guedelon.fr*

CYCLORAIL DE PUISAYE
(120 C3) (*M E3*)

Die 32 km lange Tour mit der Schienendraisine von Charny nach Villiers-Saint-Benoît und zurück ist eins der bukolischsten *vélorails* Frankreichs. Keine Angst: Züge fahren auf der aufgegebenen Bahnlinie nicht mehr! Man tritt tiefenentspannt in die Pedale. Picknickmöglichkeiten entlang der Strecke. *Start in Charny, ganzjährig auf Voranmeldung | 27 Euro 2 Std., ganzer Tag 59 Euro jeweils mit einer Draisine für bis zu 5 Personen | Gare de Charny, 2 km südl. von Charny | mobil 06 32 45 63 91 | cyclorail.com*

FERME DU CHÂTEAU
(120 C4) (*M E3*)

Tiere zum Streicheln und landwirtschaftliches Gerät alter Zeiten sind auf dem Bauernhof zu finden, der noch nach traditioneller Methode und entsprechend umweltfreundlich bewirtschaftet wird. *Juli/Aug. tgl. 10–12, 14–18, April–Juni, Sept. Sa/So 10–12, 14–17 Uhr | 7 Euro, Kinder 5 Euro | Château St-Fargeau | www.ferme-du-chateau.com*

INSIDER TIPP GROTTE DE CHAMP RETARD (121 E5) (*M G4*)

Der Abenteuerparcours in einem ehemaligen Steinbruch, rund 15 km nördlich von Avallon gelegen, gilt als frankreichweit einzigartig. Die atemberaubend steilen Wände der Höhle sind mit Seilen gesichert, sodass auch Kinder über Eisenbügel durch den Schacht klettern können. Es gibt sogar einen eigenen Abenteuerparcours für Kinder ab 4 Jahren. *Juli/Aug. tgl., April–Juni, Sept.–Mitte Nov. Sa (teils auch So), zusätzliche Öffnungszeiten in den Schulferien und an Feiertagen | Reservierung empfohlen: Tel. 03 86 33 94 31 | über 16 Jahre 24 Euro, 12–16 Jahre 18 Euro, 8–11 Jahre 14 Euro, 4–7 Jahre 11 Euro | Coutarnoux | www.grottechampretard.com*

NATURE ADVENTURE (120 C5) (*M E4*)

Riesiger Kletter- und Abenteuerpark in einem 8 km² großen Waldgebiet bei Treigny. Der Anfängerparcours ist bereits für Fünfjährige (Mindestgröße 1,10 m) geeignet, die sich mit Sicherung in einer Höhe von 1 m am Seil entlanghangeln. Über Brücken und Netze geht es für Fortgeschrittene bis hinauf in 17 m Höhe. Außer dem Hochseilgarten gehört auch ein Paintball-Parcours zu den Attraktionen. Eintritt nur in Begleitung Erwachsener. *Juli/Aug. tgl. 10–19, März–Juni und Sept./Okt. Sa/So 13–18 Uhr, zusätzliche Öffnungszeiten in den Schulferien | ab 16 Jahren und Kinder über 1,40 m 23 Euro, Kinder bis 16 Jahre 20 Euro, 1–1,30 m 13 Euro | RD 185 | Treigny | www.natureadventure.fr*

PARC NATUREL DE BOUTISSAINT
(120 C5) (*M E4*)

Nahe *Guédélon* lockt der 400 ha große Tierpark von Boutissaint. In freier Wildbahn tummeln sich hier 400 Bisons, Rot- und Schwarzwild. Um auf die Pirsch zu gehen, können Sie sich Mountainbikes leihen. Wer auf Nummer sicher gehen möchte, steuert hingegen direkt die umzäunten Gehege mit garantiertem Wild-Watching an. *Feb.–Mitte Nov. 8–20 Uhr | 9 Euro | D 85 Richtung St-Fargeau | Treigny | www.boutissaint.com*

NIÈVRE

INSIDER TIPP UN ÂNE EN MORVAN
(121 E6) (*🕮 G5*)
Robert Stevenson, der Autor der „Schatzinsel", reiste mit einem Esel durch Frankreich. In Lormes im Morvan können Sie sein Erlebnis bei zwei- bis sechstägigen Touren nachempfinden. Und in Begleitung von Eseln wandern selbst Kinder gern. Übernachtung auf Bauernhöfen und Campingplätzen. *55 Euro/Tag | Asinerie du Pré de la Rose | Lormes | Tel. 03 86 22 89 83 | www.les-escapades-de-stephane.com*

SAÔNE-ET-LOIRE

INSIDER TIPP CRÊPERIE ER BLEIMOR
(126 B5–6) (*🕮 J8*)
Langes Rumsitzen im Restaurant nervt. Die Crêperie Er Bleimor in Mâcon kommt da gerade recht. Denn die beste Crêperie von Burgund ist nicht nur „offizieller Botschaft der Bretagne" (so benannt vom Office de Tourisme der bretonischen Hauptstadt Rennes), sondern beglückt Familien auch mit kinderfreundlichen Crêpes von süß bis salzig. Die sind zudem bio! *So/Mo geschl. | 12, rue Gambetta | Mâcon*

HARAS NATIONAL (126 B5) (*🕮 H7*)
Die Pferdevorführungen des Nationalgestüts in Cluny sind ein tolles Erlebnis. An besonderen Donnerstagen im Sommer (*Les Jeudis de Cluny*) finden schöne Paraden, Ausstellungen und Präsentationen historischer Kutschen statt. *Führungen Juli/Aug. Di–So 10.30, 14, 15.30, 17, April–Juni, Sept. Di–Fr 14, Sa/So 14, 16, März, Okt. Mi, So 14 Uhr | 6,50 Euro, Kinder unter 16 frei | 2, rue Porte des Près | www.haras-nationaux.fr*

TOUROPARC (126 B6) (*🕮 J8*)
Museum, Aquapark mit Wasserrutsche, Karussell, Monorailbahn und zugleich ein Zoo mit 800 teils seltenen Tieren ist das Freizeitareal in der äußersten Südostecke Burgunds in Romanèche-Thorins. *Ganzjährig 9–19 Uhr | 18,90 Euro, Kinder 15,90, Juli/Aug. 3 Euro Zuschlag | RN 6 | www.touroparc.com*

Unter Dampf! Der Petit Train Touristique startet jedes Wochenende in Bligny

EVENTS, FESTE & MEHR

Weinfeste prägen Burgunds Alltag rund ums Jahr. Viele finden zur Weinlese statt, aber eben nicht nur dann. Im Frühjahr kommen Pilgerfahrten, Messen und Feste hinzu. Der Sommer ist die Zeit der Konzerte und ausgelassenen Festivals.

FESTE & LOKALE EVENTS

JANUAR/FEBRUAR

St-Vincent Tournante am Samstag nach dem 22. Januar. Prozession an wechselnden Orten zu Ehren des Weinpatrons

St-Vincent Tournante in Chablis: Weinfest am 1. Februarwochenende ***Karneval*** in Chalon-sur-Saône: der zweitgrößte Karneval Frankreichs

APRIL

Marché aux vins in Givry: Unter der runden Markthalle des Dorfs werden die Weine der Côte Chalonnaise vorgestellt.

MAI/JUNI

INSIDER TIPP ***Fête de la Bague*** in Semur-en-Auxois: mehrtägiges Fest mit Umzügen und ältestem Pferderennen Frankreichs

Montgolfiade in Chalon-sur-Saône: Heißluftballonfest zu Pfingsten

Pèlerinage du Sacré-Cœur in Paray-le-Monial: pfingstliche Pilgerfahrt

Keltische Johannisfeuer in Mont-St-Vincent am Sonntag vor dem 24. Juni

L'Été on continue, Dijon en continu in Dijon: 20 Konzerte, Minifestivals, Theateraufführungen, Ausstellungen, Performances von Juni bis September

JULI/AUGUST

● ***Garçon, la note!:*** zwei Monate lang (bis Ende Aug.) ein vielseitiges Musikprogramm in vielen Orten Burgunds (gratis!)

Festival de Musique Baroque et Classique: den ganzen Juli Musikfest in Beaune

Les Zaccros d'ma rue in Nevers: zehntägiges Fest der Straßenkünstler (Juli)

Chalon dans la rue: Ein ebenso großes Straßenkünstlerfest findet in Chalon-sur-Saône statt (Juli)

Fête de l'Escargot in Andryes: am 13. Juli Schneckenfest

INSIDER TIPP ***Joutes Nautiques*** in Clamecy: am 14. Juli Fest der Flößer mit Lanzenstechen

Pèlerinage de la Ste-Madeleine in Vézelay: große Wallfahrt am 22. Juli

Son et Lumière im Château St-Fargeau: jeden Freitag und Samstag von Mitte Juli bis Ende August Show mit 600 Schauspielern

Grandes Heures in Cluny: Konzerte von Mitte Juli bis August

Burgunds Feste ranken sich vor allem um den Schutzpatron der Winzer, doch gibt es auch Überraschungen abseits der Tafelfreuden

Jules César in Autun: Ende Juli/Anfang August, Historienspiel mit 2000 Statisten im Amphitheater
Ciné Rétro in Beaune: den gesamten August über Stummfilmvorführungen in der ehemaligen Kapelle St-Etienne
Rencontres musicales in Vézelay um den 20. Aug.: vier Tage klassische Konzerte in den Denkmälern des Orts
Fête du Bœuf Charolais in Saulieu: dreitägiger Viehmarkt in der zweiten Augusthälfte

SEPTEMBER/OKTOBER

Pèlerinage in Alise-Ste-Reine: am Wochenende vor dem 7. September Wallfahrt in historischen Kostümen
Festival Musique: Zwei Wochen im September wird in Gevrey-Chambertin mit Wein und Musik gefeiert
Salon de dégustation Pains, Vins, Fromages in Beaune: am 3. Oktoberwochenende kann man sich durch 460 französische Käsesorten probieren. Brot und Wein gibt es auch dazu.
Fête des Vins in Chablis: Weinfest am letzten Oktoberwochenende
Nevers à Vif: Ende Oktober Rockfestival in Nevers

NOVEMBER

Trois Glorieuses am 3. Wochenende: Sa Treffen im Schloss Clos de Vougeot, So Weinversteigerung in Nuits-St-Georges und Mo Festessen in Beaune

FEIERTAGE

1. Jan.	Neujahr
März/April	Ostermontag
Mai	Christi Himmelfahrt
1. Mai	Tag der Arbeit
8. Mai	Kriegsende 1945
14. Juli	Nationalfeiertag
15. Aug.	Mariä Himmelfahrt
1. Nov.	Allerheiligen
11. Nov.	Kriegsende 1918
25. Dez.	Weihnachten

LINKS, BLOGS, APPS & CO.

LINKS & BLOGS

www.marcopolo.de/burgund Alles auf einen Blick zu Ihrem Reiseziel: interaktive Karten inklusive Planungsfunktion, Impressionen aus der Community, aktuelle News und Angebote ...

short.travel/bur2 Auf dem Goruma-Portal finden Sie kompakte Informationen über Sehenswürdigkeiten im Burgund, von Unesco-Welterbestätten bis Naturschönheiten

short.travel/bur3 Umfangreiche Website mit Wissenswertem rund ums Radfahren in der Region, mit Übersichtskarte, Anfahrtsbeschreibung und fünf konkreten Radtouren zwischen 20 und 212 km Länge

www.burgundyeye.com Schöner Überblick über Burgund und seine einzelnen Regionen, Liste und Beschreibung (englisch) vieler Hotels und Restaurants mit Buchungsmoglichkeit, dazu Empfehlungen fur Einkauf, Attraktionen und Sport

short.travel/bur4 Wenn Sie mit Wohnwagen oder Zelt unterwegs sein sollten, finden Sie hier detaillierte Beschreibungen zu allen Campingplätzen im Burgund: genaue Lage, Zahl der Stellplätze, Preise, Infrastruktur, Freizeitangebot und mehr

www.weine-aus-dem-burgund.de Nachschlagewerk zu den burgundischen Weinen mit Stichworten wie Rebsorten, Weinfesten, Weintourismus (deutsch)

www.beaune-tourisme.fr/blog Interessanter Blog zu allen News & Events in und um Beaune und an der Côte d'Or

jakobsweg2008.wordpress.com Hier geht ein Mainzer 2011 den Jakobsweg in 31 Tagen bis nach Cîteaux; drei Jahre zuvor wanderte er schon von Cîteaux bis nach Santiago

short.travel/bur6 Auf dem Blog *Local Food And Wine* erfahren Sie auch einiges Wissenswerte über ausgezeichneten Wein aus dem Burgund

Egal, ob für Ihre Reisevorbereitung oder vor Ort: Diese Adressen bereichern Ihren Urlaub. Da manche sehr lang sind, führt Sie der short.travel-Code direkt auf die beschriebenen Websites. Falls bei der Eingabe der Codes eine Fehlermeldung erscheint, könnte das an Ihren Einstellungen zum anonymen Surfen liegen

www.facebook.com/bourgogne.tourisme Facebookseite des Office de Tourisme für ganz Burgund. Mit aktuellen Veranstaltungstipps aus den unterschiedlichsten Bereichen

short.travel/bur12 Hier bekommt man einen Überblick, wo überall in Burgund eine Couch zum Übernachten bereitsteht. Ideal zum Sehr-preiswert-oder-Imsonst-Übernachten und zum Nette-Leute-Kennenlernen. Auch als App für Android oder I-Phone

VIDEOS & MUSIK

short.travel/bur14 Beitrag aus der Arte-Reihe „Belle France" zu Burgund. Tolle Fernsehreportage zum ersten Kennenlernen des Burgunds, mit grandiosen Landschaftsaufnahmen. Ideal zum Reinschnuppern!

short.travel/bur15 Wir begleiten das glückliche Bressehuhn von der Wiese über den Kochtopf auf den Tisch

short.travel/bur8 Filmischer Stadtrundgang durch Dijon: nur mit Musik unterlegt, man wird nicht mit Fremdenführerweisheiten betextet

short.travel/bur9 Ein erfrischend unkomplizierter Crashkurs zu den Weinen Burgunds – ohne Weinkennertümmelei, dafür mit Tattoos und Hipsterbart (auf Englisch)

APPS

Balades en Bourgogne Alle Wanderwege im Departement Côte d'Or als App mit Geolokalisation. Nie wieder Wanderkarten kaufen! Für Android und I-Phone

RandoVignes Thematische Weinwanderungen rund um die burgundischen *climats,* mit jeder Menge Infos, abrufbar über Geolokalisation: wandern und dabei gleich klüger werden. Für Android und iPhone

CLUNY Vision Führung durch Cluny und seinen Abteibezirk, mit 3-D-Animationen. Für Android und iPhone

Sweepin Alles rund ums Shopping und Sightseeing in Dijon, für die/den, der dafür unbedingt eine App braucht. Für Android und iPhone (nur auf Französisch)

PRAKTISCHE HINWEISE

ANREISE

Bei Anreise aus Süddeutschland, der nördlichen Schweiz und Österreich wählen Sie ab Mulhouse die A 36 nach Beaune. Aus dem Norden geht es am schnellsten über Luxemburg und Nancy und von dort auf der A 31 nach Dijon. Ab Genf steht die A 40 nach Mâcon zur Verfügung. Die Strecke Mulhouse–Beaune ist 235 km lang (Mautgebühr PKW 18,00 Euro). Weitere Mautgebühren, Baustellen und Staus unter *www.autoroutes.fr*

Obwohl es ein Umweg ist, führt die schnellste Zugverbindung aus dem nördlichen Deutschland zunächst mit dem Thalys nach Paris, vom dortigen Gare de Lyon in 1 Std. 35 Min. mit dem Hochgeschwindigkeitszug TGV nach Dijon. Aus dem süddeutschen Raum fahren Sie über Straßburg und Belfort. Info und Online-Buchung: *www.bahn.de, www.sncf.com, www.thalys.de* und *www.tgv-europe.com.*

Der Fernbus hat auch Burgund erreicht. Mit *Flixbus* geht es beispielsweise günstig nach Dijon (ab Leverkusen, Fahrtzeit 8 Std.) oder von Offenburg nach Auxerre. Nachteil: Man sollte Zeit haben, da die Fahrzeiten lang sind. *www.flixbus.de*

Der Flughafen Dijon dient vorwiegend zu Urlaubsreisen ab Burgund in ferne Länder und ist aus dem deutschsprachigen Raum nicht per Direktflug zu erreichen. So können Sie lediglich Paris anfliegen und von dort den TGV nehmen.

GRÜN & FAIR REISEN

Auf Reisen können auch Sie viel bewirken. Behalten Sie nicht nur die CO_2-Bilanz für Hin- und Rückreise im Hinterkopf *(www.atmosfair.de; de.myclimate.org)* – etwa indem Sie Ihre Route umweltgerecht planen *(www.routerank.com)* – , sondern achten Sie auch Natur und Kultur im Reiseland *(www.gate-tourismus.de; www.ecotrans.de)*. Gerade als Tourist ist es wichtig, auf Aspekte wie Naturschutz *(www.nabu.de; www.wwf.de)*, regionale Produkte, wenig Autofahren, Wassersparen und vieles mehr zu achten. Wenn Sie mehr über ökologischen Tourismus erfahren wollen: europaweit *www.oete.de*; weltweit *www.germanwatch.org*

AUSKUNFT

ATOUT FRANCE

– *Deutschland: info.de@france.fr/de.france.fr*

– *Österreich: info.at@france.fr*

– *Schweiz: info.ch@atout-france.fr/ch.france.fr*

Infos auch über die lokalen *Offices de Tourisme* sowie beim regionalen Fremdenverkehrsbüro *Bourgogne Tourisme (BP 20623 | 21006 Dijon Cédex | info@crt-bourgogne.fr | www.burgund-tourismus.com)*.

AUTO

Frankreichs Verkehrsregeln entsprechen weitgehend denen in Deutschland. Viele

Vergehen werden aber wesentlich strenger geahndet, so das Überschreiten der Promillegrenze (0,5) und der Höchstgeschwindigkeit (50 km/h in Ortschaften, 130 km/h auf Autobahnen, 110 km/h auf vierspurigen und 90 km/h auf anderen Straßen bzw. bei Nässe 110, 100 und 80 km/h). Für Motorräder und Fahranfänger gelten niedrigere Geschwindigkeiten. Motorradfahrer müssen generell, PKWs nur bei Regen und Nebel das Abblendlicht einschalten. Seit 2012 müssen auch in nicht französischen Autos zwei Alkoholtests mitgeführt werden. Es gibt sie in Supermärkten, Apotheken, Tankstellen, Raststätten und Bars. Allerdings riskieren sie *kein* Bußgeld, wenn Sie ohne erwischt werden. Hohe Geldbußen werden allerdings fällig beim Parken vor Krankenhäusern, Polizeirevieren, Postämtern, an Bushaltestellen und gelb markierten Bordsteinen. Für Camper gilt in vielen Orten nächtliches Parkverbot.

Wer sichergehen will, stellt in größeren Orten das Auto in der Hotelgarage oder auf einem bewachten Parkplatz ab. Wertsachen niemals im Wagen zurücklassen!

Autobahnen sind gebührenpflichtig. Die Kraftstoffpreise entsprechen meist denen in Deutschland. Das günstigste Benzin gibt's an den Tankstellen großer Supermärkte.

Zentrale Notrufnummer des ADAC weltweit: *Tel. +49 89 22 22 22*

DIPLOMATISCHE VERTRETUNGEN

DEUTSCHES HONORARKONSULAT

Till Meyer | 29, rue Buffon | BP 32415 | 21024 Dijon Cedex | Tel. 03 80 68 06 98 | www.amb-allemagne.fr

ÖSTERREICHISCHE BOTSCHAFT

6, rue Fabert | 75007 Paris | Tel. 01 40 63 30 63 | www.amb-autriche.fr

SCHWEIZER GENERALKONSULAT

4, place Charles Hernu | 69100 Villeurbanne (Lyon) | www.eda.admin.ch/lyon

GELD & KREDITKARTEN

Geldautomaten finden Sie selbst in kleinen Orten. Verbreitete Kreditkarten sind Visa, Eurocard/Mastercard wie auch American Express.

GESUNDHEIT

Mitglieder gesetzlicher Krankenkassen können sich unter Vorlage der Europäischen Krankenversicherungskarte *(EHIC)* kostenlos bei einem Vertragsarzt behandeln lassen. Sollte die Karte nicht akzeptiert werden, erstattet die Krankenkasse gegen Vorlage der Arztrechnung die in Deutschland üblichen Sätze. Der Abschluss einer Reisekrankenversicherung ist ratsam, um zusätzliche Leistungen zu decken. Apotheken *(pharmacies)* erkennen Sie am grün blinkenden Neonkreuz.

INTERNET & WLAN

Theoretisch gibt es im öffentlichen Raum viel kostenloses WLAN, aufgrund des *Plan vigipirate* zur Terrorismusabwehr jedoch mit recht entnervend-komplizierter Registrierung.

Und je gehobener die Hotelkategorie, je eher kann man auf freies Surfen hoffen. Falls nicht im Zimmer, so gibt es oft einen WLAN-Bereich an der Rezeption oder im Salon.

KOCHKURSE

Die Kniffe der Haute Cuisine lernen Sie bei einem Kurs des Sternekochs Jean-Michel Lorain in seinem Restaurant *La Côte St-Jacques (www.cotesaintjacques.com)* in Joigny. Bei der regionalen Küche von Frédéric Doucet des *Hôtel-Restaurant de la Poste (www.hotel-laposte-doucet.com)* in Charolles ist das kulinarische Niveau ebenfalls hoch. Bodenständiger sind die Kochkurse in der *Hostellerie Bourguignonne (www.hostelleriebourguignonne.com)* in Verdun-sur-le-Doubs.

NOTRUF

Erste Hilfe: *Tel. 15,* Polizei: *Tel. 17,* Feuerwehr: *Tel. 18,* Notruf: *Tel. 112*

ÖFFNUNGSZEITEN

Kernöffnungszeiten von Geschäften sind 9–12 und 14–19 Uhr. Im Sommer ist abends länger geöffnet, im Winter früher geschlossen – oder auch ganz. Vor allem in abgelegenen Orten machen einige Läden von November bis März zu. Supermärkte in Städten haben ganzjährig über Mittag geöffnet, ihre großen Filialen vor den Stadttoren an einigen Abenden bis 21 oder 22 Uhr. Sa bleiben alle Geschäfte nachmittags offen. Sonntagvormittags wird in vielen Städten Markt gehalten, viele Lebensmittelläden haben dann ebenfalls geöffnet, Bäckereien immer. Mo ist zumindest in kleinen Orten Ruhetag. Beim Winzer oder Bauern ruft man am besten vorher an, um sicherzustellen, dass jemand zu Hause ist – tabu für den Besuch ist die Mittagszeit.

REISEZEIT

Sonnenreiche, warme bis heiße Sommer sind gute Bedingungen für den Wein und für einen gelungenen Urlaub. Der Midi-Wind garantiert milde Temperaturen in

WETTER IN DIJON

	Jan.	Feb.	März	April	Mai	Juni	Juli	Aug.	Sept.	Okt.	Nov.	Dez.
Tagestemperaturen in °C	4	7	11	15	18	22	25	25	21	15	8	5
Nachttemperaturen in °C	-1	0	2	5	8	12	14	14	11	7	3	0
☀	2	3	4	6	6	8	9	9	6	4	3	2
☂	16	14	15	14	16	13	11	12	11	12	15	15

 ☀ Sonnenschein Stunden/Tag ☂ Niederschlag Tage/Monat

Frühjahr und Herbst. Der Winter ist ungemütlich kalt und regenreich. Im Morvan müssen Sie zu jeder Jahreszeit mit bedecktem Himmel und Nässe rechnen.

STROM

Stromspannung: 220–240 V. Flachstecker passen auch in französische Steckdosen. Für andere Stecker brauchen Sie einen Adapter.

TELEFON & HANDY

Französische Teilnehmernummern sind zehnstellig, die erste Ziffer ist immer die 0, die bei Anrufen aus dem Ausland entfällt. Nach Frankreich wählen Sie die Vorwahl 0033, nach Deutschland 0049, nach Österreich 0043, in die Schweiz 0041.

Dank der EU-Kommission sind die Roaminggebühren fürs Telefonieren im europäischen Ausland sukzessive gesunken. Bei längeren Aufenthalten kann es – z. B. auch für Datenverkehr – im Einzelfall immer noch günstiger sein, sich in einem der Läden z.B. von Orange, SFR oder Bouygues Telecom eine Prepaidkarte *(carte prépayee)* zu kaufen. Infos unter *www.choisirsonforfait.com.*

TRINKGELD

Obwohl die Restaurantrechnung oft schon ein Trinkgeld enthält, ist ein weiterer Zuschlag von bis zu 10 Prozent üblich. Auch Taxifahrer erhalten zumeist ein Trinkgeld in dieser Höhe.

WEINREISEN

Wer mehr über Wein lernen möchte, ist mit einem Kurs (1,5 Std.–3 Tage, auch auf Deutsch) der *École des Vins de Bourgogne (www.vins-bourgogne.fr, ecoledesvins@bivb.com)* in Beaune gut beraten. Gruppen ab 6 Teilnehmern führt die *Maison des Vins de la Côte Chalonnaise (www.maisonvinsbourgogne.com)* in Chalon-sur-Saône in die Tropfen der regionalen Appellationen ein. Daneben bieten auch verschiedene Veranstalter Weinreisen in Burgund an: z. B. *Bacchus Wine Tours/Safari Tours (www.burgundy-tourism-safaritours.com), Wine and Voyages (wineandvoyages.com), Passeport Bourgogne (wwwöpasseport-bourgogne.com)* und *Vineatours (www.vineatours.com).*

WAS KOSTET WIE VIEL?

Kaffee	ab 1,80 Euro *für eine Tasse*
Wein	ab 14 Euro *für eine Flasche im Restaurant*
Keramik	ab 60 Euro *für eine hochwertige Backform*
Menü	ab 12 Euro *für ein Mittagsmenü*
Hausboot	ab 730 Euro *für ein Zwei-Personen-Hausboot pro Woche*
Museum	3,50 Euro *in der Provinz*

ZOLL

Zollfrei sind im privaten Reiseverkehr Waren zum eigenen persönlichen Verbrauch; als Richtmengen gelten z. B. 800 Zigaretten, 10 l Spirituosen, 60 l Schaumwein (für Nicht-EU-Mitglieder gilt z. B.: 200 Zigaretten, 1 l Spirituosen und 2 l Wein). Für Wein gibt es innerhalb der EU keine Richtmengen mehr.

SPRACHFÜHRER FRANZÖSISCH

AUSSPRACHE

Zur Erleichterung der Aussprache sind alle französischen Wörter mit einer einfachen Aussprache in eckigen Klammern versehen.

AUF EINEN BLICK

ja/nein/vielleicht	oui [ui]/non [nong]/peut-être [pöhtätr]
bitte/danke	s'il vous plaît [ßil wu plä]/merci [märßih]
Gute(n)/Morgen!/Tag!/ Abend!/Nacht!	Bonjour! [bongschuhr]/Bonjour! [bongschuhr]/ Bonsoir! [bongßoar]/Bonne nuit! [bonn nüi]
Hallo!/Auf Wiedersehen!/ Tschüss!	Salut! [ßalü]/Au revoir! [o rövoar]/Salut! [ßalü]
Entschuldigung!	Pardon! [pardong]
Ich heiße ...	Je m'appelle ... [schö mapäll ...]
Ich komme aus ...	Je suis de ... [schö süi dö ...]
Darf ich ...?	Puis-je ...? [püi schö ...]
Wie bitte?	Comment? [kommang]
Ich möchte .../Haben Sie?	Je voudrais ... [schö wudrä]/Avez-vous? [aweh wu]
Wie viel kostet ...?	Combien coûte ...? [kombjäng kuht ...?]
Das gefällt mir (nicht).	Ça (ne) me plaît (pas). [ßa (nö) mö plä (pa)]
gut/schlecht/kaputt	bon [bong]/mauvais [mowä]/cassé [kaßeh]
zu viel/viel/wenig	trop [troh]/beaucoup [bokuh]/peu [pöh]
alles/nichts	tout [tuh]/rien [riäng]
Hilfe!/Achtung!	Au secours! [o ßökuhr]/Attention! [attangßjong]
Polizei/Feuerwehr/ Krankenwagen	police [poliß]/pompiers [pompieh]/ ambulance [ambülangß]

DATUMS- & ZEITANGABEN

Montag/Dienstag	lundi [längdi]/mardi [mardi]
Mittwoch/Donnerstag	mercredi [märcrödi]/jeudi [schödi]
Freitag/Samstag/ Sonntag	vendredi [vangdrödi]/samedi [ßamdi]/ dimanche [dimangsch]
Werktag/Feiertag	jour ouvrable [schur uwrabl]/jour férié [schur ferieh]
heute/morgen/gestern	aujourd'hui [oschurdüi] /demain[dömäng]/hier [jähr]
Stunde/Minute	heure [öhr]/minute [minüt]
Tag/Nacht/Woche	jour [schur]/nuit [nüi]/semaine [ßömän]
Monat/Jahr	mois [moa]/année [aneh]

Tu parles français?

„Sprichst du Französisch?“ Dieser Sprachführer hilft Ihnen, die wichtigsten Wörter und Sätze auf Französisch zu sagen

Wie viel Uhr ist es?	Quelle heure est-t-il? [käl ör ät il]
Es ist drei Uhr.	Il est trois heures. [il ä troasör]
Es ist halb vier.	Il est trois heures et demi. [il ä troasör e dömi]
Viertel vor vier	quatre heures moins le quart [katrör moäng lö kar]
Viertel nach vier	quatre heures et quart [katrör e kar]

UNTERWEGS

offen/geschlossen	ouvert [uwär]/fermé [färmeh]
Eingang/Einfahrt	entrée [angtreh]
Ausgang/Ausfahrt	sortie [ßorti]
Abfahrt/Abflug/Ankunft	départ [depahr]/départ [depahr]/arrivée [arriweh]
Toiletten/Damen/Herren	toilettes [toalett]/femmes [famm]/hommes [omm]
(kein) Trinkwasser	eau (non) potable [o (nong) potabl]
Wo ist ...?/Wo sind ...?	Où est ...? [u ä ...]/Où sont ...? [u ßong ...]
links/rechts	à gauche [a gohsch]/à droite [a droat]
geradeaus/zurück	tout droit [tu droa]/en arrière [ong arriähr]
nah/weit	près [prä]/loin [loäng]
Bus/Straßenbahn/ U-Bahn/Taxi	bus [büß]/tramway [tramwäi]/métro [mehtro]/taxi [takßi]
Haltestelle/Taxistand	arrêt [arrä]/station de taxi [ßtaßjong dö takßi]
Parkplatz/Parkhaus	parking [parking]
Stadtplan/[Land-]Karte	plan de ville [plang dö vil]/carte routière [kart rutjähr]
Bahnhof/Hafen/Flughafen	gare [gahr]/port [pohr]/aéroport [aeropohr]
Fahrplan/Fahrschein	horaire [orär]/billet [bije]
einfach/hin und zurück	aller simple [aleh ßämpl]/aller-retour [aleh rötuhr]
Zug/Gleis/Bahnsteig	train [träng]/voie [woa]/quai [käh]
Ich möchte ... mieten.	Je voudrais louer ... [schö wudräh lueh ...]
ein Auto/ein Fahrrad/ ein Boot	une voiture [ün woatür]/un vélo [äng weloh]/ un bateau [äng batoh]
Tankstelle	station d'essence [ßtaßjong deßangß]
Benzin/Diesel	essence [eßangß]/diesel [diesäl]
Panne/Werkstatt	panne [pann]/garage [garahsch]

ESSEN & TRINKEN

Die Speisekarte, bitte.	La carte, s'il vous plaît. [la kart ßil wu plä]
Könnte ich bitte ... haben?	Puis-je avoir ... s'il vous plaît? [püischö awoar ... ßil wu plä]
Flasche/Karaffe/Glas	bouteille [buteij]/carafe [karaf]/verre [wär]
Messer/Gabel/Löffel	couteau [kutoh]/fourchette [furschät]/cuillère [küijär]
Salz/Pfeffer/Zucker	sel [ßäl]/poivre [poawr]/sucre [ßükr]

Essig/Öl	vinaigre [winägr]/huile [üil]
Milch/Sahne/Zitrone	lait [lä]/crème [kräm]/citron [ßitrong]
kalt/versalzen/nicht gar	froid [froa]/trop salé [tro ßaleh]/pas cuit [pa küi]
mit/ohne Eis/Kohlensäure	avec [awäk]/sans [ßang] glaçons/gaz [glaßong/gaß]
Vegetarier(in)	végétarien(ne) [weschetarijäng/weschetarijänn]
Ich möchte zahlen, bitte.	Je voudrais payer, s'il vous plaît. [schön wudrä pejeh, ßil wu plä]
Rechnung/Quittung	addition [adißjong]/reçu [rößü]

EINKAUFEN

Apotheke/Drogerie	pharmacie [farmaßi]/droguerie [drogöri]
Bäckerei/Markt	boulangerie [bulangschöri]/marché [marscheh]
Einkaufszentrum	centre commercial [ßangtre komerßial]
Kaufhaus	grand magasin [grang magasäng]
100 Gramm/1 Kilo	cent grammes [ßang gramm]/un kilo [äng kilo]
teuer/billig/Preis	cher [schär]/bon marché [bong marscheh]/prix [pri]
mehr/weniger	plus [plüß]/moins [moäng]
aus biologischem Anbau	de l'agriculture biologique [dö lagrikültür bioloschik]

ÜBERNACHTEN

Ich habe ein Zimmer reserviert.	J'ai réservé une chambre. [scheh reserweh ün schangbr]
Haben Sie noch ...?	Avez-vous encore ...? [aweh wusangkor ...]
Einzel-/Doppelzimmer	chambre simple/double [schangbr ßämplö/dublö]
Frühstück	petit déjeuner [pöti deschöneh]
Halbpension/Vollpension	demi-pension [dömi pangßjong]/pension complète [pangßjong komplät]
Dusche/Bad	douche [dusch]/bain [bäng]
Balkon/Terrasse	balcon [balkong] /terrasse [teraß]
Schlüssel/Zimmerkarte	clé [kleh]/carte magnétique [kart manjetik]
Gepäck/Koffer/Tasche	bagages [bagahsch]/valise [walis]/sac [ßak]

BANKEN & GELD

Bank/Geldautomat/ Geheimzahl	banque [bangk]/guichet automatique [gischeh otomatik]/code [kodd]
bar/Kreditkarte	comptant [komtang]/carte de crédit [kart dö kredi]
Banknote/Münze	billet [bijeh]/monnaie [monä]

GESUNDHEIT

Arzt/Zahnarzt/Kinderarzt	médecin [medßäng]/dentiste [dangtißt]/pédiatre [pediatrö]
Krankenhaus/Notfallpraxis	hôpital [opital]/urgences [ürschangß]

Fieber/Schmerzen	fièvre [fiäwrö]/douleurs [dulör]
Durchfall/Übelkeit	diarrhée [diareh]/nausée [noseh]
Sonnenbrand	coup de soleil [ku dö ßolej]
entzündet/verletzt	enflammé [angflameh]/blessé [bleßeh]
Pflaster/Verband	pansement [pangßmang]/bandage [bangdahsch]
Salbe/Schmerzmittel	pommade [pomad]/analgésique [analschesik]

TELEKOMMUNIKATION & MEDIEN

Briefmarke	timbre [tämbrö]
Brief/Postkarte	lettre [lätrö]/carte postale [kart poßtal]
Ich brauche eine Telefonkarte fürs Festnetz.	J'ai besoin d'une carte téléphonique pour fixe. [scheh bösoäng dün kart telefonik pur fiekß]
Ich suche eine Prepaidkarte für mein Handy.	Je cherche une recharge pour mon portable. [schö schärsch ün röscharsch pur mong portablö]
Wo finde ich einen Internetzugang?	Où puis-je trouver un accès à internet? [u püische truweh äng akßä a internet]
wählen/Verbindung/besetzt	composer [komposeh]/connection [konekßiong]/occupé [oküpeh]
Steckdose/Ladegerät	prise électrique [pris elektrik]/chargeur [scharschör]
Computer/Batterie/Akku	ordinateur [ordinatör]/batterie [battri]/accumulateur [akümülatör]
At-Zeichen	arobase [arobaß]
Internet-/E-Mail-Adresse	adresse internet/mail [adräß internet/mejl]
Internetanschluss/WLAN	accès internet [akßä internet]/wi-fi [wifi]
E-Mail/Datei/ausdrucken	mail [mejl]/fichier [fischjeh]/imprimer [ämprimeh]

FREIZEIT, SPORT & STRAND

Strand	plage [plahsch]
Sonnenschirm/Liegestuhl	parasol [paraßol]/transat [trangßat]
Ebbe/Flut/Strömung	marée basse [mareh baß]/marée haute [mareh ot]/courant [kurang]
Seilbahn/Sessellift	téléphérique [teleferik]/télésiège [teleßiäsch]
Schutzhütte/Lawine	refuge [röfüsch]/avalanche [avalangsch]

ZAHLEN

0	zéro [sero]	8	huit [üit]
1	un, une [äng, ühn]	9	neuf [nöf]
2	deux [döh]	10	dix [diß]
3	trois [troa]	20	vingt [väng]
4	quatre [katr]	100	cent [ßang]
5	cinq [ßänk]	1000	mille [mil]
6	six [ßiß]	½	un[e] demi[e] [äng/ühn dömi]
7	sept [ßät]	¼	un quart [äng kar]

REISEATLAS

Verlauf der Erlebnistour „Perfekt im Überblick“
Verlauf der Erlebnistouren

Der Gesamtverlauf aller Touren ist auch in der herausnehmbaren Faltkarte eingetragen

 Bild: Auf dem Weingut Rochepot

Unterwegs in Burgund

Die Seiteneinteilung für den Reiseatlas finden Sie auf dem hinteren Umschlag dieses Reiseführers

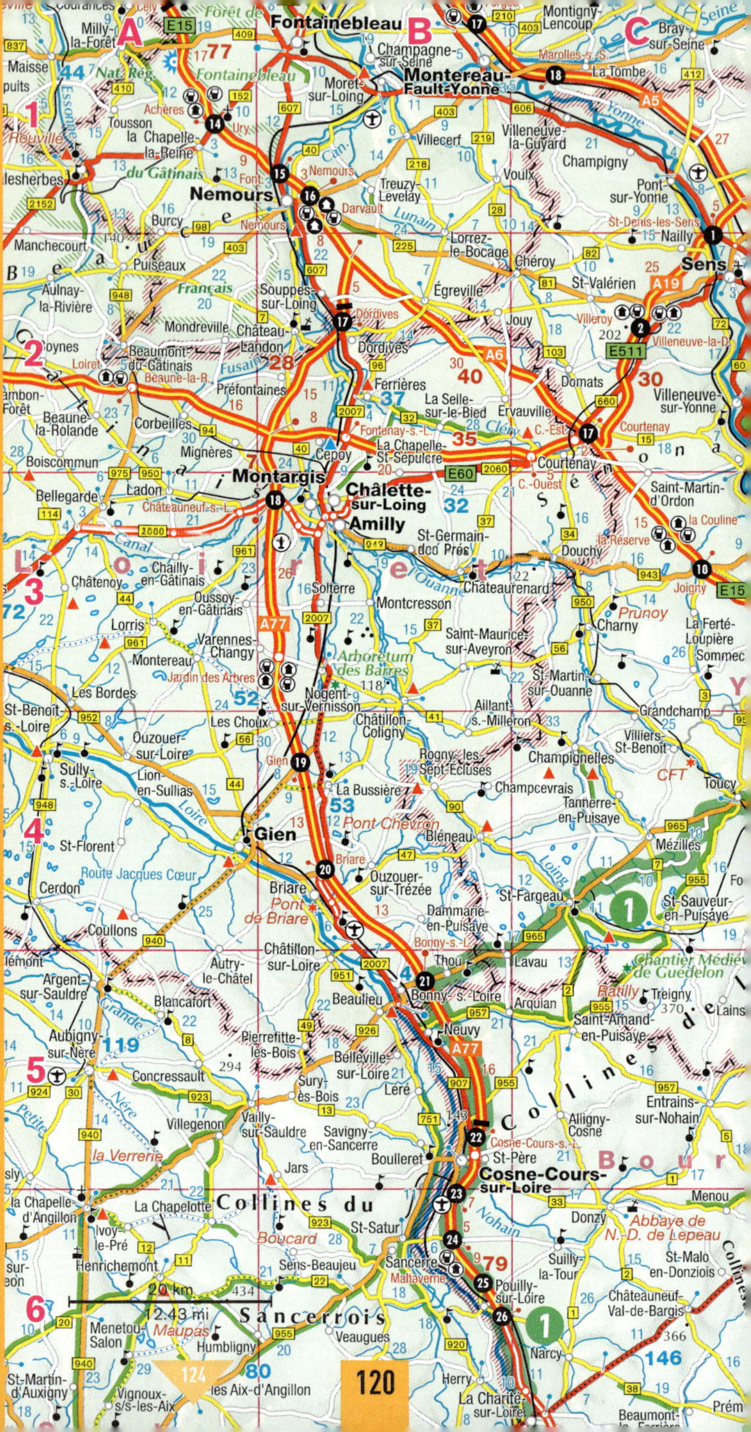

Fontainebleau
Forêt de Fontainebleau
Milly-la-Forêt
Nat. Rég.
Maisse
Champagne-sur-Seine
Montereau-Fault-Yonne
Moret-sur-Loing
Montigny-Lencoup
Bray-sur-Seine
Marolles-s.-S.
La Tombe
Seine
Yonne
Achères
Tousson
la Chapelle-la-Reine
du Gâtinais
Ury
Rouville
Malesherbes
Nemours
Darvault
Villecerf
Villeneuve-la-Guyard
Champigny
Voulx
Treuzy-Levelay
Lunain
Pont-sur-Yonne
St-Denis-les-Sens
Nailly
Sens
Burcy
Manchecourt
Puiseaux
Lorrez-le-Bocage
Chéroy
St-Valérien
Aulnay-la-Rivière
Français
Souppes-sur-Loing
Égreville
Villeroy
Villeneuve-la-D.
Mondreville
Château-Landon
Dordives
Jouy
Beaumont-du-Gâtinais
Loiret
Beaune-la-R.
Fusain
Préfontaines
Ferrières
Domats
Villeneuve-sur-Yonne
Beaune-la-Rolande
Corbeilles
La Selle-sur-le-Bied
Ervauville
C.-Est
Courtenay
Fontenay-s.-L.
La Chapelle-St-Sépulcre
Mignères
Cepoy
Boiscommun
Montargis
Châlette-sur-Loing
Amilly
C.-Ouest
Saint-Martin-d'Ordon
Bellegarde
Ladon
Châteauneuf-s.-L.
St-Germain-des-Prés
la Couline
la Réserve
Douchy
Canal
Chailly-en-Gâtinais
Châtenoy
Oussoy-en-Gâtinais
Solterre
Montcresson
Châteaurenard
l'Ouanne
Joigny
Prunoy
Charny
La Ferté-Loupière
Sommec
Lorris
Varennes-Changy
Montereau
Jardin des Arbres
Saint-Maurice-sur-Aveyron
Arboretum des Barres
St-Martin-sur-Ouanne
Les Bordes
Nogent-sur-Vernisson
Aillant-s.-Milleron
Grandchamp
St-Benoît-s.-Loire
Les Choux
Châtillon-Coligny
Villiers-St-Benoît
Ouzouer-sur-Loire
Champignelles
CFT
Toucy
Sully-s.-Loire
Lion-en-Sullias
Rogny-les-Sept-Écluses
Champcevrais
Tannerre-en-Puisaye
Loire
La Bussière
Pont Chevron
Bléneau
Mézilles
St-Florent
Gien
Briare
Route Jacques Cœur
Ouzouer-sur-Trézée
St-Fargeau
St-Sauveur-en-Puisaye
Cerdon
Pont de Briare
Dammarie-en-Puisaye
Coullons
Bonny-s.-L.
Chantier Médiéval de Guédelon
Châtillon-sur-Loire
Autry-le-Châtel
Thou
Lavau
Argent-sur-Sauldre
Beaulieu
Bonny-s.-Loire
Arquian
Ratilly
Treigny
Lains
Blancafort
Grande
Saint-Amand-en-Puisaye
Aubigny-sur-Nère
Pierrefitte-ès-Bois
Neuvy
Belleville-sur-Loire
Concressault
Sury-ès-Bois
Léré
Collines
Entrains-sur-Nohain
Nère
Petite
Villegenon
Vailly-sur-Sauldre
Savigny-en-Sancerre
Alligny-Cosne
la Verrerie
Boulleret
Cosne-Cours-s.-L.
St-Père
Cosne-Cours-sur-Loire
Jars
Bour
La Chapelle-d'Angillon
La Chapelotte
Collines du
Menou
Ivoy-le-Pré
Boucard
St-Satur
Nohain
Donzy
Abbaye de N.-D. de Lepeau
Henrichemont
Sens-Beaujeu
Sancerre
Maltaverne
Suilly-la-Tour
St-Malo-en-Donziois
20 km
12.43 mi
Pouilly-sur-Loire
Sancerrois
Châteauneuf-Val-de-Bargis
Menetou-Salon
Maupas
Humbligny
Veaugues
Narcy
St-Martin-d'Auxigny
Vignoux-s/s-les-Aix
les Aix-d'Angillon
Herry
La Charité-sur-Loire
Beaumont-
Prém

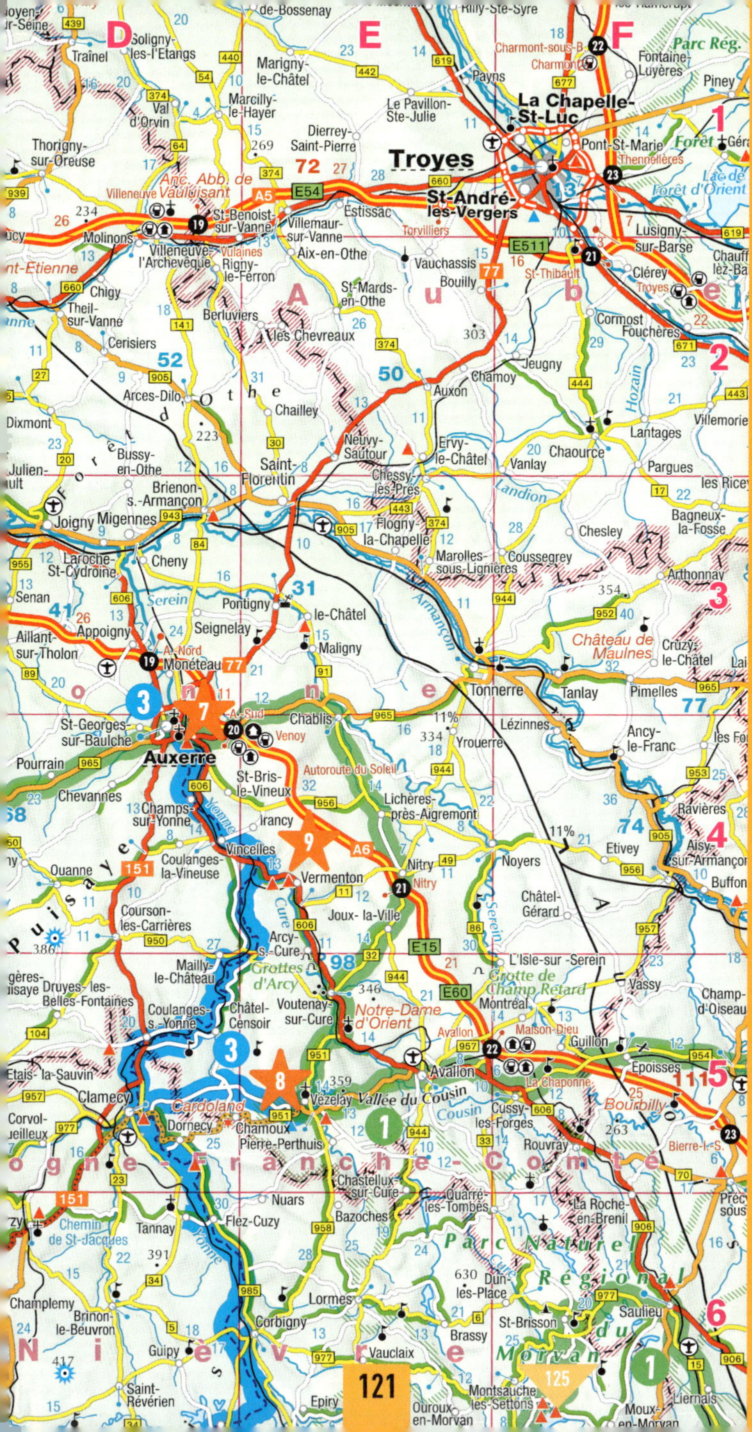
D
E
F
1
2
3
4
5
6
Soligny-les-l'Etangs
Traînel
de-Bossenay
Marigny-le-Châtel
Rilly-Ste-Syre
Charmont-sous-B.
Charmont
Fontaine-Luyères
Parc Rég.
Piney
Payns
Val d'Orvin
Marcilly-le-Hayer
Le Pavillon-Ste-Julie
La Chapelle-St-Luc
Dierrey-Saint-Pierre
Thorigny-sur-Oreuse
Troyes
Pont-St-Marie
Thennelières
Forêt
Lac de Forêt d'Orient
Anc. Abb. de Vauluisant
Villeneuve
St-Benoist-sur-Vanne
Estissac
St-André-les-Vergers
Torvilliers
Molinons
Villeneuve-l'Archevêque
Villemaur-sur-Vanne
Vulaines
Rigny-le-Ferron
Aix-en-Othe
Vauchassis
Lusigny-sur-Barse
Clérey
Troyes
St-Thibault
Bouilly
Chigy
Theil-sur-Vanne
Berluviers
St-Mards-en-Othe
Cormost
Fouchères
Cerisiers
les Chevreaux
Jeugny
Chamoy
Auxon
Arces-Dilo
Othe
Forêt d'Othe
Chailley
Dixmont
Bussy-en-Othe
Neuvy-Sautour
Ervy-le-Châtel
Chaource
Vanlay
Lantages
Villemorien
Pargues
Saint-Florentin
Brienon-s.-Armançon
Chessy-les-Prés
Landion
les Riceys
Joigny
Migennes
Flogny-la-Chapelle
Bagneux-la-Fosse
Chesley
Laroche-St-Cydroine
Cheny
Marolles-sous-Lignières
Coussegrey
Arthonnay
Senan
Serein
Pontigny
le-Châtel
Armançon
Aillant-sur-Tholon
Appoigny
Seignelay
Maligny
Château de Maulnes
Cruzy-le-Châtel
Monéteau
A.-Nord
Tonnerre
Tanlay
Pimelles
St-Georges-sur-Baulche
A.-Sud
Chablis
Venoy
Lézinnes
Ancy-le-Franc
Auxerre
Pourrain
Yrouerre
St-Bris-le-Vineux
Autoroute du Soleil
Chevannes
Lichères-près-Aigremont
Ravières
Champs-sur-Yonne
Yonne
Irancy
Aisy-sur-Armançon
Etivey
Vincelles
Noyers
Buffon
Ouanne
Coulanges-la-Vineuse
Vermenton
Nitry
Joux-la-Ville
Châtel-Gérard
Courson-les-Carrières
Cure
Arcy-s.-Cure
Puisaye
Grottes d'Arcy
L'Isle-sur-Serein
Mailly-le-Château
Grotte de Champ Retard
Vassy
Druyes-les-Belles-Fontaines
Coulanges-s.-Yonne
Châtel-Censoir
Voutenay-sur-Cure
Notre-Dame d'Orient
Montréal
Champ-d'Oiseau
Avallon
Maison-Dieu
Guillon
Époisses
Etais-la-Sauvin
Clamecy
Vézelay
Vallée du Cousin
Avallon
La Chaponne
Corvol-l'Orgueilleux
Cardoland
Dornecy
Chamoux
Cousin
Cussy-les-Forges
Bourbilly
Pierre-Perthuis
Rouvray
Bierre-l.-S.
Bourgogne-Franche-Comté
Chastellux-sur-Cure
Quarré-les-Tombes
La Roche-en-Brenil
Nuars
Chemin de St-Jacques
Tannay
Flez-Cuzy
Bazoches
Parc Naturel Régional du Morvan
Dun-les-Place
Champlemy
Brinon-le-Beuvron
Lormes
Corbigny
St-Brisson
Saulieu
Brassy
Nièvre
Guipy
Vauclaix
Saint-Révérien
Epiry
Ouroux-en-Morvan
Montsauche-les-Settons
Liernais
Moux-en-Morvan
Précy-sous-Thil
A5
E54
E511
A6
E15
E60
125
98
52
50
31
41
72
77
74
111

A
B
C
1
2
3
4
5
6
Lesmont
Fontaine-Luyères
Piney
Parc
Rég.
Forêt
Brienne-le-Château
Sommevoire
Soulaines-Dhuys
Dommartin-le-Franc
Blaiserives
Mussey-s.-M.
Dienville
Géraudot
Thennelières
Lac de la Forêt d'Orient
Amance
Trannes
Ville-s.-T.
Beurville
Blaise
Cirey-s.-B.
404
Vignory
Vendeuvre-sur-Barse
Dolancourt
Mémorial Ch. de Gaulle
Marbéville
357
Lusigny-sur-Barse
Chauffour-lès-Bailly
Thieffrain
Meurville
Bar-sur-Aube
Colombey-les-Deux-Églises
Lignol-le-Château
Aube
Clérey
Troyes
Juzennecourt
Sep
Abb. de Clairvaux
E17
E54
A5
Magnant
Fouchères
Champignol-lez-Mondeville
Montheries
Fontaine St-Bernard
Chaumont
Bar-sur-Seine
Vitry-le-Croisé
91
Ville-sous-la-Ferté
Pont-la-Ville
Hozain
Villemorien
Fontette
371
Lantages
68
Essoyes
Châteauvillain
Semoutiers-Montsaon
Pargues
Gyé-sur-Seine
Cunfin
Dinteville
Richebourg
les Riceys
Bagneux-la-Fosse
Latrecey-Ormoy
Mussy-sur-Seine
Montigny-sur-Aube
349
58
Arc-en-Bassigny
Arthonnay
145
Ource
Courban
348
Villedieu
Laigne
Aujon
Cruzy-le-Châtel
Les Goulles
Rouvres s.-Aube
Laignes
Châtillon-sur-Seine
Gurgy-la-Ville
Pimelles
77
Leuglay
Germaines
Ancy-le-Franc
les Forges
Auberive
Coulmier-le-Sec
Aisey-sur-Seine
Recey-sur-Ource
Bure-les-Templiers
Ravières
33
Villaines-en-Duesmois
404
Saint-Marc-sur-Seine
Vaillant
Aisy-sur-Armançon
Beneuvre
Chalancey
Buffon
Aignay-le-Duc
Grancey-le-Château-Neuvelle
Vernois-lès-Vesvres
Montbard
Anc. Abb. de Fontenay
Duesmois
Chaume-les-Baigneux
Barjon
Fain-lès-Montbard
Echalot
527
Selongey
Vassy
48
Baigneux-les-Juifs
Plateau de Langres
Champ-d'Oiseau
Bussy-Rabutin
Venarey-les-Laumes
Mt Auxois
407
Alise-Ste-Reine
Lamargelle
Is-s.-Tille
Moloy
Ignon
Époisses
Semur-en-Auxois
84
Source de la Seine
111
Pouillenay
Flavigny-sur-Ozerain
Bourbilly
Saussy
Salmaise
Epagny
Bierre-l.-S.
Posanges
Verrey-sous-Salmaise
St-Seine-l'Abbaye
Bas-Val-Suzon
Messigny-et-Vantoux
Mt Tasselot
598
Dijon-Brognon
Côte-d'Or
Bourgogne
Vitteaux
Précy-sous-Thil
Clamerey
Saint-Thibault
Blaisy-Bas
Pasques
DIJON
Varois-et-Chaignot
Fontangy
605
Velars-sur-Ouche
Le Chien Blanc
Les Lochères
Brenne
578
Mt-St-Jean
Sombernon
Ouche
Saulieu
Serein
Pouilly-en-Auxois
Chenôve
Thoisy-la-Berchère
Chailly-s.-Armançon
Ste-Marie-s.-Ouche
Commarin
Vandenesse-en-Auxois
Quemigny-Poisot
Gevrey-Chambertin
Liernais
Chambolle-Musigny
Censerey
Allerey
Moux-en-Morvan
636
A6
A38
A31
E17
38

126

D
E
F
1
2
3
4
5
6
20 km
12.43 mi
Poissons
Germay
Berthelévillle
Coussey
Harchéchamp
Vaudémont
Diarville
Abbaye de Mureau
Trampot
Neufchâteau
Repel
Frenelle-la-Grande
Bettoncourt
Doulaincourt-Saucourt
Busson
Liffol-le-Grand
Châtenois
Gironcourt-s.-Vraine
Mirecourt
Houécourt
Harréville-lès-Chanteurs
St-Blin-Semilly
Aulnois
Lorraine-Sandaucourt
Hymont
Domjulien
Andelot-Blancheville
Bulgnéville
Remoncourt
Route Verte
Anc. Ville de la Motte
Bourmont
Vrécourt
Contrexéville
Vittel
Bégnécourt
Esley
Haute-Marne
Vosges
Bourdons-sur-Rognon
Longchamp
Rozières-sur-Mouzon
Lerrain
Source de la Saône
Darney
Musée
Clefmont
Biesles
Lamarche
Monthureux-sur-Saône
Hennezel
Val-de-Meuse
Nogent-en-Bassigny
Montigny-le-Roi
Meuse
Val de Meuse
Monts Faucilles
Passavant-la-Rochère
Selles
Coney
Neuilly-l'Évêque
Rançonnières
Bourbonne-les-Bains
Fresnes-s.-Apance
Corre
Vauvillers
Rés. Charmes
L.-Nord
Res. Liez
Varennes-s.-Amance
Polaincourt-et-Clairefontaine
Jasney
Langres
Laferté-s.-Amance
Jussey
Conflans s.-Lanterne
Source de la Marne
Hortes
L.-Noidant
Chalindrey
Vitrey-s.-Mance
St-Pierre
Amance
Faverney
Fayl-la Forêt
la Folie
Cintrey
Port-d'Atelier-Amance
Longeau-Percey
Chassigny-Aisey
Grenant
Genevrières
Combeau-fontaine
Haute-Saône
Scey-s.-S.-et-St-Albin
Port-sur-Saône
Charmoille
Prauthoy
Pisseloup
Pierrecourt
Vauconcourt-Nervezain
Montoille
Vesoul
Champlitte
Vaîte
Raze
Vingeanne
Rocher de la Baume
Dampierre-s.-Salon
Oyrières
Fresne-St-Mamès
Echenoz-le-Sec
Til-Châtel
Fontaine-Française
Rosières
Fretigney-et-Velloreille
Grandvelle-et-le-Perrenot
Autrey-lès-Gray
la Chapelle-St-Quillain
Quenoche
Bèze
Lux
Trésilley
Gray
Velesmes-Echevanne
Rioz
Mirebeau
Champvans
Oiselay-et-Grachaux
Gy
Bellevaux
Essertenne-et-Cecey
Franche-Comté
Rigney
Moncey
Bonboillon
Etuz
Fort de Chailluz
Champoux
Etevaux
Broye-Aubigney-Montseugny
Marnay
Devecey
Marchaux
Pontailler-sur-Saône
Abbaye de Acey
B.-St-Claude
Audeux
Lamarche-s.-Saône
Pesmes
Balançon
Monts de la Serre
BESANÇON
Genlis
Soirans
Montmirey-le-Château
Gray/B.-Planoise
La Comtoise
Morre
Beure
Saône
Champdôtre
Auxonne
Dole-Authume
Romange
St-Vit
Ognon
Tille

127

A
B
C
1
2
3
4
5
6
Collines du
Sancerrois
Champagne
Berry
Bourbonnais
Allier
Bourges
Nevers
Varennes-Vauzelles
St-Amand-Montrond
Montluçon
Moulins
Henrichemont
Sens-Beaujeu
Sancerre
Pouilly-sur-Loire
Suilly-la-Tour
Donzy
St-Malo-en-Donziois
Châteauneuf-Val-de-Bargis
Narcy
Menetou-Salon
Humbligny
Veaugues
St-Martin-d'Auxigny
Vignoux-s/s-les-Aix
les Aix-d'Angillon
Groises
Herry
La Charité-sur-Loire
Beaumont-la-Ferrière
Prémery
Sancergues
Fussy
St-Doulchard
Brécy
Palais J. Cœur
Cathédrale St-Étienne
Saint-Germain-du-Puy
Baugy
Chemin de St-Jacques
Pougues-les-Eaux
Guérigny
Jouet-s.-l'Aubois
Mornay-Berry
Abbaye de Fontmorigny
Avord
Crosses
Trouy
Plaimpied-Givaudins
Chât. de Jussy-Champagne
Raymond
Nérondes
Fourchambault
Coulanges-l.-N.
La Guerche-sur-l'Aubois
Route Jacques Cœur
Levet
Blet
les Bourdelins
Parc Floral
Apremont-sur-Allier
Challuy
Magny-Cours
Dun-sur-Auron
Vereaux
Route des Parcs and Jardins
Chalivoy-Milon
Mornay-s.-Allier
St-Parize-le-Châtel
Thaumiers
Bannegon
Sancoins
St Pierre-le-Moûtier
Bruère-Allichamps
Meillant
Anc. Abb. de Noirlac
Charenton-du-Cher
Saint-Aignan-des-Noyers
St-Augustin
le Veurdre
Chantenay-St-Imbert
Drevant
Ainay-le-Château
Valigny
Lurcy-Lévis
Limoise
Arcomps
Ainay-le-Vieil
St-Martin
Couleuvre
Villeneuve-sur-Allier
Arboretum
Franchesse
Saulzais-le-Portier
Urçay
Cérilly
Meaulne
Bourbon-l'Archambault
St-Menoux
Culan
Vesdun
Le Brethon
Ygrande
St-Pierre
Souvigny
St-Désiré
Vallon-en-Sully
Hérisson
Chapelle du Calvaire
Meillers
Forêt de Tronçais
Viplaix
Reugny
Cosne-d'Allier
Buxières-les-Mines
Cressanges
Chemilly
La Chapelaude
Circuit Lys
Bizeneuille
Tronget
Le Montet
Châtel-de-Neuvre
St-Victor
Montluçon
Villefranche-d'Allier
Treban
Huriel
Chamblet
Mont-marault
Bézenet
Doyet
Treignat
Voussac
St-Pourçain-sur-Sioule
Lamaids
Néris-les-Bains
Montmarault
Commentry
Piscines antiques
Durdat-Larequille
Lapeyrouse
Chantelle
Étroussat
Chambon-sur-Voueize
Bellenaves
Échassières
Montaigut
Ste-Valérie
Évaux-les-Bains
Marcillat-en-Combraille
Saint-Eloy-les-Mines
St-Bonnet-de-Rochefort
Jenzat
Gannat
Ébreuil
Pionsat
Cher
Loire
Aubois
Auron
Yèvre
Vauvise
Airain
Aumance
Bieudre
Sioule
Bouble
Nièvre
Can. latéral
20 km
12.43 mi

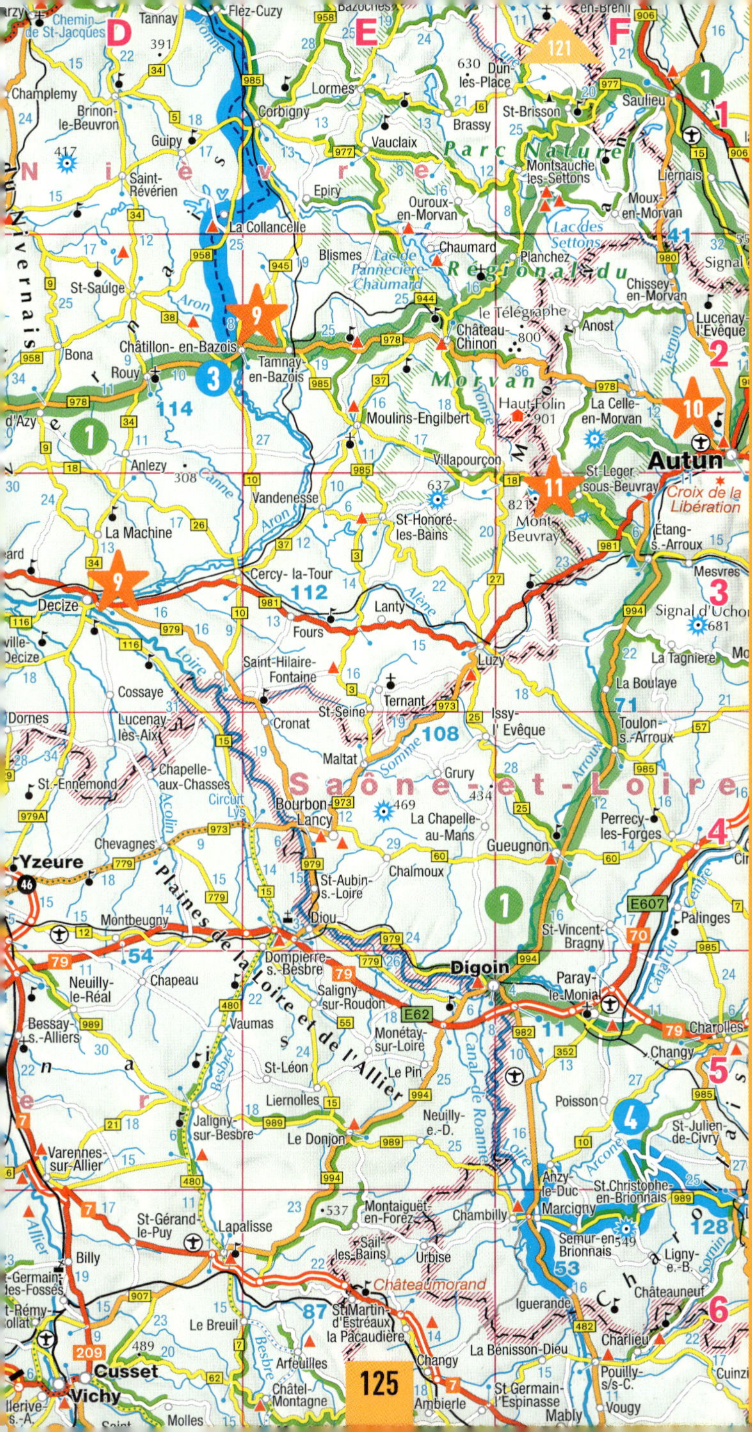
Nièvre
Parc Naturel Régional du Morvan
Saône-et-Loire
Plaines de la Loire et de l'Allier
Chemin de St-Jacques
Tannay
Flez-Cuzy
Champlemy
Brinon-le-Beuvron
Corbigny
Lormes
Dun-les-Place
Saulieu
St-Brisson
Brassy
Vauclaix
Guipy
Saint-Révérien
Epiry
Montsauche-les-Settons
Liernais
Moux-en-Morvan
Ouroux-en-Morvan
La Collancelle
Chaumard
Lac de Pannecière-Chaumard
Lac des Settons
Planchez
Blismes
St-Saulge
Chissey-en-Morvan
Lucenay-l'Evêque
Signal
Anost
Château-Chinon
le Télégraphe
Châtillon-en-Bazois
Tamnay-en-Bazois
Bona
Rouy
Moulins-Engilbert
Haut-Folin
La Celle-en-Morvan
Autun
Anlezy
Villapourçon
St-Léger-sous-Beuvray
Croix de la Libération
Vandenesse
St-Honoré-les-Bains
Mont Beuvray
Étang-s.-Arroux
La Machine
Cercy-la-Tour
Mesvres
Decize
Fours
Lanty
Signal d'Uchon
Luzy
La Tagnière
Saint-Hilaire-Fontaine
Cossaye
Ternant
La Boulaye
St-Seine
Dornes
Lucenay-lès-Aix
Cronat
Issy-l'Evêque
Toulon-s.-Arroux
Maltat
Grury
St.-Ennemond
Chapelle-aux-Chasses
Bourbon-Lancy
La Chapelle-au-Mans
Perrecy-les-Forges
Chevagnes
Gueugnon
Yzeure
St-Aubin-s.-Loire
Chalmoux
Palinges
Montbeugny
Diou
St-Vincent-Bragny
Dompierre-s.-Besbre
Digoin
Paray-le-Monial
Neuilly-le-Réal
Chapeau
Saligny-sur-Roudon
Bessay-s.-Alliers
Vaumas
Monétay-sur-Loire
Charolles
Changy
St-Léon
Le Pin
Liernolles
Poisson
Jaligny-sur-Besbre
Neuilly-e.-D.
St-Julien-de-Civry
Le Donjon
Varennes-sur-Allier
Anzy-le-Duc
St.Christophe-en-Brionnais
Marcigny
St-Gérand-le-Puy
Lapalisse
Montaiguët-en-Forez
Chambilly
Semur-en-Brionnais
Billy
Sail-les-Bains
Urbise
Ligny-e.-B.
Châteaumorand
Châteauneuf
Iguerande
St-Martin-d'Estréaux
la Pacaudière
Le Breuil
Charlieu
La Bénisson-Dieu
Cusset
Arfeuilles
Changy
Pouilly-s/s-C.
Vichy
Châtel-Montagne
Ambierle
St Germain-l'Espinasse
Mably
Vougy
Molles
Cuinzi
Canal du Centre
Canal de Roanne
Loire
Allier
Aron
Yonne
Arroux
Alène
Somme
Besbre
Acolin
Arconce
Sornin
Cure
Canne
Ternin

A
B
C
122
Fontangy
Le Chien Blanc
Mt-St-Jean
les Lochères
Pouilly-en-Auxois
Sombernon
Velars-sur-Ouche
DIJON
Chenôve
Saulieu
Thoisy-la-Berchère
Chailly-s.-Armançon
Commarin
Ste-Marie-s.-Ouche
Vandenesse-en-Auxois
Châteauneuf
Quemigny-Poisot
Gevrey-Chambertin
Bretenière
Liernais
Allerey
Censerey
Chambolle-Musigny
Pont-d'Ouche
Marcheseuil
Arnay-le-Duc
Château du Clos de Vougeot
Nuits-St-Georges
Signal de Bard
Lucenay-l'Evêque
Le Creux Moreaux
Abbaye de Ste.-Marguerite
Abbaye de Cîteaux
Climats du vignoble
Bligny-sur-Ouche
Aloxe-Corton
B.-Nord
Igornay
Thury
Ivry-en-Montagne
Beaune
Hôtel-Dieu
Sully
Pommard
Bois-Guillerot
Cirque du Bout du Monde
St-Romain
Meursault
B.-Centre
Corberon
Autun
Château de la Rochepot
B.-Tailly
St-Loup-de-la-Salle
Morlet
Nolay
St-Aubin
Archéodrome
Navilly
Croix de la Libération
Santenay
Demigny
St-Emiland
Chagny
Gergy
Verdun-s.-le-Doubs
Étang-s.-Arroux
Mesvres
Couches
St-Léger-s.-D.
Marmagne
Mercurey
Signal d'Uchon
Le Creusot
Châtenoy-le-Royal
Ch.-Nord
Chalon-sur-Saône
Montcoy
La Tagnière
Montcenis
Givry
St-Rémy
L' Abergement-St-Colombe
Montchanin
Ch.-Sud
Ouroux-
Barrage de la Sorme
Montceau-les-Mines
Buxy
La Ferté
St-Ambreuil
St-Germain-du-Plain
Germagny
Autoroute du Soleil
Sennecey-le-Grd.
Perrecy-les-Forges
St-Vallier
Mont-St-Vincent
St-Gengoux-le-National
Ciry-le-Noble
Tournus
Saône-et-Loire
Marizy
Cormatin
Brienne
Cuisery
Palinges
La Guiche
Brancion
Martailly-les-Brancion
Romenay
Salornay-s.-G.
Taizé
Blanot
Lugny
St-Bonnet-de-Joux
Donzy-le-Nat.
Fleurville
Saint-Trivier-de-Courtes
Pont-de-Vaux
Chorcheval
Charolles
Curtil-sous-Buffières
Cluny
Azé
St-Albain
Reyssouze
M.-St-Albain
Beaubery
Vérosvres
Mâcon-la Salle
Saint-Jean-sur-Reyssouze
Ste-Cécile
Igé
St-Julien-de-Civry
Berzé-le-Châtel
M.-Nord
Berzé-la-Ville
Trambly
Saint-Point
M.-Centre
Marsonnas
Montceau
Mâcon
Bâge-le-Châtel
Montrevel-en-Bresse
Pierreclos
Tramayes
Replonges
Attignat
La Clayette
Motour
M.-Sud
Pont-de-Veyle
20 km
12.43 mi
St-Mamert
Crêches-s.-Saône
Juliénas
Polliat
Mt-St-Rigaud
Monsols
Vonnas
Veyle
Chaveyriat
Chauffailles
Belmont-de-la-Loire
Romanèche-Thorins
Thoissey
Echarmeaux
Chénelette
Beaujeu
Châtillon-s.-Chal.
Neuville-les-Dames
Cuinzier
Cours-la-Ville
Taponas
St-André-le-B.
Saint-Vincent-
La Chaize
Belleville
Saint-Paul-

D
E
F
123
BESANÇON
Dijon-Arc-s.-T.
Bonboillon
Fort de Chailluz
Champoux
Broye-Aubigney-Montseugny
Etevaux
Pontailler-sur-Saône
Marnay
Devecey
Marchaux
Abbaye de Acey
Pesmes
Audeux
Lamarche-s.-Saône
Balançon
Gray/B.-Planoise
La Comtoise
Montmirey-le-Château
Gendrey
Monts de la Serre
Saône
Morre
Beure
Auxonne
St-Vit
Champdôtre
Dole-Authume
Romagne
Bellevue
Tarcenay
Dampierre
Boussières
Doubs
Audelange
Grotte d'Oselle
Grotte de Plaisir Fontaine
Saint-Seine-en-Bâche
Rochefort-s.-Nenon
Vallée du Doubs
Miroir de Scey
Champvans
Dole
Quingey
Forêt de Chaux
Cléron
Dole-Choisey
Salines Royales
Arc-et-Senans
Samson
Amancey
Tavaux
Augerans
Myon
St-Aubin
Villers-Farlay
Loue
Nans-sous-Ste-Anne
Chemin
Chaussin
Mouchard
Grottes Sarrazine
Source du Lison
Salins-les-Bains
Levier
Le Deschaux
Salines
Lemuy
Aumont
Arbois
Pierre-de-B.
Reculée des Planches
Sapin du Président
Boujailles
Chemenot
Cirque du Fer-à-Cheval
Pont-d'Héry
Chaumergy
Poligny
Bellevesvre
Culée de Vaux
Cuvier
Jura
St-Germain-du-Bois
Voiteur
Crotenay
Cirque de Ladoye
Champagnole
la Latette
Arlay
Saint-Germain-lès-Arlay
Bletterans
Cirque de Baume
Pont-du-Navoy
Lac de Chalain Palafittes
Bief-des-Maisons
Cascade
Montmorot
Lons-le-Saunier
Beaurepaire-en-B.
Les Planches en Montagne
Châtel
Louhans
Doucier
Foncine-les-Bas
Revigny
Nogna
Cascades du Hérisson
Bonlieu
Franche-Comté
Jura
Ste-Croix
Beaufort
Pont-de-Poitte
Clairvaux-les-Lacs
Belle-fontaine
Augisey
St-Laurent-en-Grandvaux
Cuiseaux/Cousance
Pont de la Pyle
Morez
Cousance
Cressia
Orgelet
Lac de Vouglans
Château-des-Prés
Roche au Dade
les Rousses
Cuiseaux
Meussia
Col de la Giurine
Poulet de Bresse
Chambéria
Belvédère
Longchaumois
St-Amour
Moirans-en-Montagne
Valfin-lès-St-Claude
Cernon
Lavans-lès-St-Claude
St-Claude
St-Julien
Septmoncel
Arinthod
Mijoux
Divonne-les-Bains
Coligny
Bienne
Chapeau de Gendarme
Col de la Faucille
Chancia
Gex
Marboz
Vaux-lès-Saint-Claude
Mt. Rond
Dortan
Lélex
Colomby de Gex
Sevron
Chavannes-s.-Suran
Thoirette
les Bouchoux
Ferney-Voltaire
St-Étienne-du-Bois
Z.I. Nord
R.D.13
Oyonnax
St-Genis-Pouilly
Zone franche
Viriat
B.-Jasseron
Belleydoux
Meyrin
GVA
Vernier
Jasseron
Izernore
Chézery-Forens
GENÈVE
Onex
Lancy
Gorges de l'Ain
Z.I. Sud
Brou
Ceyzériat
La Croix-Châlon
la Cluse
Nantua
Sylans
St-Germain-de-Joux
Pont-des-Pierres
Chancy
Challonges
St-Julien-en-Genevois
Bohas
Châtillon-de-Michaille
Bourg-Sud
St-Martin-du-F.
Bellegarde-s.-Valserine
Viry
Lent
Revermont
Monts du Jura
A39
A36
A40
A404
A41
E21
E62
E60
E25

KARTENLEGENDE

18 26 Autobahn mit Anschlussstellen
Motorway with junctions

Autobahn in Bau
Motorway under construction

Mautstelle
Toll station

Raststätte mit Übernachtung
Roadside restaurant and hotel

Raststätte
Roadside restaurant

Tankstelle
Filling-station

Autobahnähnliche Schnellstraße mit Anschlussstelle
Dual carriage-way with motorway characteristics with junction

Fernverkehrsstraße
Trunk road

Durchgangsstraße
Thoroughfare

Wichtige Hauptstraße
Important main road

Hauptstraße
Main road

Nebenstraße
Secondary road

Eisenbahn
Railway

Autozug-Terminal
Car-loading terminal

Zahnradbahn
Mountain railway

Kabinenschwebebahn
Aerial cableway

Eisenbahnfähre
Railway ferry

Autofähre
Car ferry

Schifffahrtslinie
Shipping route

Landschaftlich besonders schöne Strecke
Route with beautiful scenery

Alleenstr. Touristenstraße
Tourist route

XI-V Wintersperre
Closure in winter

Straße für Kfz gesperrt
Road closed to motor traffic

8% Bedeutende Steigungen
Important gradients

Für Wohnwagen nicht empfehlenswert
Not recommended for caravans

Für Wohnwagen gesperrt
Closed for caravans

Besonders schöner Ausblick
Important panoramic view

Wartenstein *Umbalfälle* Sehenswert: Kultur - Natur
Of interest: culture - nature

Badestrand
Bathing beach

Nationalpark, Naturpark
National park, nature park

Sperrgebiet
Prohibited area

Kirche
Church

Kloster
Monastery

Schloss, Burg
Palace, castle

Moschee
Mosque

Ruinen
Ruins

Leuchtturm
Lighthouse

Turm
Tower

Höhle
Cave

Ausgrabungsstätte
Archaeological excavation

Jugendherberge
Youth hostel

Allein stehendes Hotel
Isolated hotel

Berghütte
Refuge

Campingplatz
Camping site

Flughafen
Airport

Regionalflughafen
Regional airport

Flugplatz
Airfield

Staatsgrenze
National boundary

Verwaltungsgrenze
Administrative boundary

Grenzkontrollstelle
Check-point

Grenzkontrollstelle mit Beschränkung
Check-point with restrictions

ROMA Hauptstadt
Capital

VENEZIA Verwaltungssitz
Seat of the administration

MARCO POLO Erlebnistour 1
MARCO POLO Discovery Tour 1

MARCO POLO Erlebnistouren
MARCO POLO Discovery Tours

1 MARCO POLO Highlight
MARCO POLO Highlight

FÜR IHRE NÄCHSTE REISE ...

ALLE **MARCO POLO** REISEFÜHRER

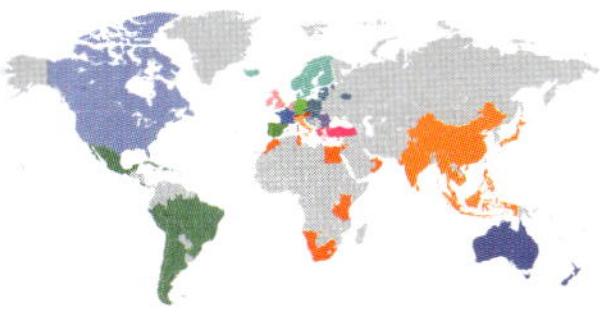

DEUTSCHLAND
Allgäu
Bayerischer Wald
Berlin
Bodensee
Chiemgau/Berchtesgadener Land
Dresden/Sächsische Schweiz
Düsseldorf
Eifel
Erzgebirge/Vogtland
Föhr & Amrum
Franken
Frankfurt
Hamburg
Harz
Heidelberg
Köln
Lausitz/Spreewald/Zittauer Gebirge
Leipzig
Lüneburger Heide/Wendland
Mecklenburgische Seenplatte
Mosel
München
Nordseeküste Schleswig-Holstein
Oberbayern
Ostfriesische Inseln
Ostfriesland/Nordseeküste Niedersachsen/Helgoland
Ostseeküste Mecklenburg-Vorpommern
Ostseeküste Schleswig-Holstein
Pfalz
Potsdam
Rheingau/Wiesbaden
Rügen/Hiddensee/Stralsund
Ruhrgebiet
Schwarzwald
Stuttgart
Sylt
Thüringen
Usedom
Weimar

ÖSTERREICH SCHWEIZ
Kärnten
Österreich
Salzburger Land
Schweiz
Steiermark
Tessin
Tirol
Wien
Zürich

FRANKREICH
Bretagne
Burgund
Côte d'Azur/Monaco
Elsass
Frankreich
Französische Atlantikküste
Korsika
Languedoc-Roussillon
Loire-Tal
Nizza/Antibes/Cannes/Monaco
Normandie
Paris
Provence

ITALIEN MALTA
Apulien
Dolomiten
Elba/Toskanischer Archipel
Emilia-Romagna
Florenz
Gardasee
Golf von Neapel
Ischia
Italien
Italienische Adria
Italien Nord
Italien Süd
Kalabrien
Ligurien/Cinque Terre
Mailand/Lombardei
Malta & Gozo
Oberital. Seen
Piemont/Turin
Rom
Sardinien
Sizilien/Liparische Inseln
Südtirol
Toskana
Venedig
Venetien & Friaul

SPANIEN PORTUGAL
Algarve
Andalusien
Azoren
Barcelona
Baskenland/Bilbao
Costa Blanca
Costa Brava
Costa del Sol/Granada
Fuerteventura
Gran Canaria
Ibiza/Formentera
Jakobsweg Spanien
La Gomera/El Hierro
Lanzarote
La Palma
Lissabon
Madeira
Madrid
Mallorca
Menorca
Portugal
Spanien
Teneriffa

NORDEUROPA
Bornholm
Dänemark
Finnland
Island
Kopenhagen
Norwegen
Oslo
Schweden
Stockholm
Südschweden

WESTEUROPA BENELUX
Amsterdam
Brüssel
Dublin
Edinburgh
England
Flandern
Irland
Kanalinseln
London
Luxemburg
Niederlande
Niederländische Küste
Schottland
Südengland

OSTEUROPA
Baltikum
Budapest
Danzig
Krakau
Masurische Seen
Moskau
Plattensee
Polen
Polnische Ostseeküste/Danzig
Prag
Slowakei
St. Petersburg
Tallinn
Tschechien
Ungarn
Warschau

SÜDOSTEUROPA
Bulgarien
Bulgarische Schwarzmeerküste
Kroatische Küste Dalmatien
Kroatische Küste Istrien/Kvarner
Montenegro
Rumänien
Slowenien

GRIECHENLAND TÜRKEI ZYPERN
Athen
Chalkidikí/Thessaloníki
Griechenland Festland
Griechische Inseln/Ägäis
Istanbul
Korfu
Kos
Kreta
Peloponnes
Rhodos
Sámos
Santorin
Türkei
Türkische Südküste
Türkische Westküste
Zákinthos/Itháki/Kefalloniá/Léfkas
Zypern

NORDAMERIKA
Chicago und die Großen Seen
Florida
Hawai'i
Kalifornien
Kanada
Kanada Ost
Kanada West
Las Vegas
Los Angeles
New York
San Francisco
USA
USA Ost
USA Südstaaten/New Orleans
USA Südwest
USA West
Washington D.C.

MITTEL- UND SÜDAMERIKA
Argentinien
Brasilien
Chile
Costa Rica
Dominikanische Republik
Jamaika
Karibik/Große Antillen
Karibik/Kleine Antillen
Kuba
Mexiko
Peru & Bolivien
Yucatán

AFRIKA UND VORDERER ORIENT
Ägypten
Djerba/Südtunesien
Dubai
Israel
Jordanien
Kapstadt/Wine Lands/Garden Route
Kapverdische Inseln
Kenia
Marokko
Marrakesch
Namibia
Oman
Rotes Meer & Sinai
Südafrika
Tansania/Sansibar
Tunesien
Vereinigte Arabische Emirate

ASIEN
Bali/Lombok/Gilis
Bangkok
China
Hongkong/Macau
Indien
Indien/Der Süden
Japan
Kambodscha
Ko Samui/Ko Phangan
Krabi/Ko Phi Phi/Ko Lanta/Ko Jum
Malaysia
Myanmar
Nepal
Peking
Philippinen
Phuket
Shanghai
Singapur
Sri Lanka
Thailand
Tokio
Vietnam

INDISCHER OZEAN UND PAZIFIK
Australien
Malediven
Mauritius
Neuseeland
Seychellen

Viele MARCO POLO Reiseführer gibt es auch als eBook – und es kommen ständig neue dazu!
Checken Sie das aktuelle Angebot einfach auf: www.marcopolo.de/e-books

REGISTER

In diesem Register finden Sie alle im Reiseführer erwähnten Orte und Ausflugsziele. Gefettete Seitenzahlen verweisen auf den Haupteintrag.